지은이 **원명**

평생 참선과 나눔의 길을 걷고 있는 수행자이자 천년 고찰 봉은사를 이끄는 주지 스님이다. 젊은 시절 출가해 마곡사 태화선원과 고불총림선원, 상원사 청량선원 등에서 안거하며 마음을 닦았고, 그때의 깊은 좌선과 수행으로 얻은 지혜가 이후 활동과 삶의 근간이 되었다.

삼화사와 조계사의 주지를 거쳐 봉은사의 주지로 임명되었으며, 다섯 차례 연임하며 11년째 소임을 이어오고 있다. 봉은사 주지를 지내며 봉은선원과 불교대학, 그리고 불교전문대학원을 설립하여 체계적인 참선과 불교 교육의 길을 열었다. 또 자비수참 철야기도와 사분정근 등 여러 신행을 이끌며 많은 이들이 불심을 키울 수 있도록 돕고 있다.

《내 마음이 고요하길 바랍니다》는 원명 스님이 50년간 수행하며 되새긴 부처님의 가르침을 현대어로 초역한 필사집으로, 삶을 괴롭게 만드는 108번뇌를 필사라는 수행을 통해 내려놓을 수 있게 한다. 긴 세월 수행자의 길을 걸어온 원명 스님의 삶의 태도가 고스란히 스며 있는 이 책은, 삶이 주는 괴로움에 지쳐 흐트러진 마음을 다잡고 삶의 방향을 찾도록 우리를 안내할 것이다.

내 마음이 고요하길
바랍니다

내 마음이 고요하길 바랍니다

108번의 비움으로
나를 다스리는 부처의 말 필사집

원명

들어가는 글

부처와 함께 인생의 괴로움을 건너라

우리는 누구나 마음속에 저마다의 짐을 안고 살아갑니다. 누군가의 사소한 말 한마디에 며칠 동안 기분이 상하기도 하고, 믿었던 사람에게 상처를 받아 밤잠을 설치기도 하지요. 이유 없이 화가 치밀어 오르거나 괜히 짜증이 날 때도 있습니다. 이런 마음의 짐은 우리에게서 평온과 즐거움을 빼앗고, 대신 불안과 불쾌함을 남깁니다.

저 역시 마음의 짐을 내려놓을 방법을 찾기 위해 평생 부처님의 가르침을 따라왔습니다. 그 길은 혼란스러운 마음을 치유하고 안정시키는 데 근본적인 해답을 주었습니다. 이 과정에서 저와 같은 고민을 가진 분들도 많이 만났습니다. 현대 사회가 풍요롭고 발전했음에도, 우리는 여전히 불안한 마음 속에서 평온을 갈망합니다. 결국 불안은 시대를 넘어서는 인간의 보편적인 고통인 셈이지요. 2,500년 전 부처님의 가르침이 오늘날에 깊은 울림을 주는 이유도 바로 여기에 있습니다.

불교에서는 우리 마음을 괴롭히고 고통을 일으키는 근본 원인을 '번뇌'라고 부릅니다. 이 번뇌는 '세 가지 독'에서 비롯되어, '네 가지 마음의 작용', '세 가지 시간의 흐름', '세 가지 성향'과 결합하여 결국 108가지 번뇌로 확장된다고 가르칩니다.

세 가지 독
— 탐욕, 분노, 무지

네 가지 마음의 작용
— 마음에서 번뇌가 일어나고, 머물고, 변하고, 사라지는 과정

세 가지 시간의 흐름
— 번뇌가 과거, 현재, 미래에 걸쳐 작용

세 가지 성향
— 번뇌가 선^{善}한 상태, 악^{惡}한 상태, 또는 선악이 아닌 상태로 나타나는 것

이 요인들이 3×4×3×3의 방식으로 조합되면서 번뇌의 수는 108가지가 됩니다. 그래서 불교에서는 이 세 가지 독을 명확히 인식하고, 내려놓으며, 마음을 비워내는 것이 중요하다고 가르칩니다. 이 과정이 고통에서 벗어나 진정한 평온과 행복에 이르는 길인 것이지요.

예를 들어 볼까요? 살다 보면 분노라는 감정이 불쑥불쑥 솟아올라 우리를 괴롭힙니다. 사실 분노는 탐욕과 무지라는 번뇌와 깊이 연결되어 있습니다. 마음이 혼란스럽고 진리를 바라보는 기준이 서 있지 않으면 탐욕이 생겨납니다. 그런데 이 탐욕은 끝없이 요구하기 때문에 결코 채워질 수 없지요. 그 결과, 채워지지 못한 욕망은 다시 분노로 바뀌어 우리를 괴롭히게 됩니다.

그러나 부처님의 가르침을 통해 탐욕, 분노, 무지를 낳는 마음의 구조를 이해한다면 번뇌가 폭주하는 것을 멈출 수 있습니다. 이 가르침은 시대를 초월해 언제나 유효한 지혜입니다. 인간이 느끼는 고통의 본질은 예나 지금이나 다르지 않기 때문입니다.

저는 불가에 들어온 뒤 50년 가까이 귀한 부처님의 말씀을 전하는 일에 사명감을 가지고 살아왔습니다. 그 길은 제게 큰 보람이자 기쁨이었습니다. 하지만 부처님의 말씀을 공부하고 실천하려 애쓰다 보면, 망망대해 같은 경전의 바다에서 길을 잃고 혼란스러워하는 불자님들을 많이 만나게 됩니다. 저는 그분들의 갈증을 누구보다 잘 압니다. 바로 그 갈증을 함께 나누고, 작은 길잡이가 되고자 이 책을 썼습니다.

이 책의 구성은 부처님의 가르침과 닮아 있습니다. 108개의 지혜를 통해 세 가지 독을 인식하고, 내려놓으며 비워내는 연습을 돕습니다. 그 방법 가운데 하나가 '필사'입니다. 직접 손으로 한 구절씩 옮겨 적는 필사는 단순히 보고 듣는 것과 다릅니다. 스스로 능동적으로 참여함으로써, 다소 추상적으로 느껴질 수 있는 가르침을 마음속 깊이 새길 수 있습니다. 이렇게 새겨진 지혜는 살아가면서 마주하는 숱한 문제 상황에서 무의식 중에 떠올라 삶의 열쇠가 되어줄 것입니다.

이 책에 담긴 구절들은 주로 《법구경》, 《숫타니파타》, 《아함경류》 같은 초기 경전에서 가져왔습니다. 원문의 의미와 의도를 손상시키지 않으면서, 누구에게나 쉽게 이해되고 도움이 될 수 있도록 현대어로 풀어냈습니다. 불교 경전에는 8만 4,000가지에 달하는 방대한 가르침이 담겨 있어, 무엇을 읽어야 할지 헤매기 쉽습니다. 그 가운데 가장 중요한 가르침을 엄선했습니다.

이 책이 여러분의 무거운 마음의 짐을 덜어내고 삶의 중요한 순간에 작은 빛을 주기를 진심으로 바랍니다. 부처님의 오랜 가르침이 여러분의 하루하루에 평온과 행복의 길로 이끌어주기를 소망합니다.

원명

이 책의 활용법

이 책을 활용하면 부처님의 말씀 속으로 깊이 들어가 그 의미를 온전히 들여다보는 명상과 수행의 시간이 됩니다. 고요히 앉아 펜을 쥐고 말씀을 따라 쓰다 보면 마음은 차분해지고, 번뇌는 점점 옅어질 것입니다. 이렇게 손으로 쓰고 되새기는 과정은 일상 속에서도 꾸준히 이어갈 수 있는 강력한 수행이 됩니다. 이 책이 여러분의 삶에 진정한 평온을 가져다줄 수 있기를 바라며, 몇 가지 방법을 함께 제안합니다.

첫째, 매일 하나씩 마음을 비우는 필사를 시작해 보세요. 이 책은 총 108개의 지혜로 이루어져 있으며, 하루에 하나씩 옮겨 적다 보면 108일 만에 완성할 수 있도록 구성되어 있습니다. 108번의 필사는 마치 108배를 드리듯, 하루하루 자신을 돌아보는 소중한 수행이 될 것입니다. 매일 정해진 시간, 고요한 공간에서 필사를 시작해 보세요. 차곡차곡 쌓이는 페이지는 마음의 평온을 찾아가는 기록이 됩니다. 필사한 날짜와 그날의 감정을 짧게 적어 두거나, 소중한 사람과 나누며 지혜를 발견하는 기쁨을 함께해도 좋습니다.

둘째, 온전히 필사에 집중하며 '의미를 새겨 보세요. 단순히 글자를 따라 쓰는 데 그치지 말고, 각 단어와 문장에 담긴 지혜를 마음 깊이 새기길 바랍니다. 그렇게 해야 비로소 가르침이 온전히 체득됩니다. 필사에 집중하는 순간, 마음은 고요와 평온 속에 머물게 됩니다. 오직 지금 이 순간에 집중하며 마음을 평화롭게 만들어 보세요.

셋째, 부처님의 지혜를 일상생활에 적용해 보세요. 필사를 마친 후에는 그날의 가르침이 자신의 삶에 어떻게 적용될 수 있을지 잠시 생각해 보세요. 이 책에 담은 부처님의 가르침은 추상적인 것이 아니라, 실제 삶에 적용할 수 있는 실천적 지혜입니다. 일상을 살다가 문득 필사한 구절이 떠오르는 순간, 그동안 보이지 않던 마음의 길이 열리는 경험을 하게 될 것입니다.

차례

들어가는 글 • 부처와 함께 인생의 괴로움을 건너라   4
이 책의 활용법   8

1부   탐진치를 알아차리다   인생에서 기꺼이 버려야 할 세 가지

001 • 인생이 혼란하게 느껴진다면   18
002 • 번뇌는 마음속에서 자란다   20
003 • 인생이 고달프게 느껴진다면   22
004 • 속박에서 벗어나면 평온이 찾아온다   24
005 • 마음이 일으키는 착각   26
006 • 비로소 삶이 맑고 향기롭다   28
007 • 뱀이 허물을 벗듯이 번뇌를 벗어라   30
008 • 두려움은 어디서 오고 어디로 가는가   34
009 • 나태함에서 깨어나라   36
010 • 거대한 산은 바람에 흔들리지 않는다   38
011 • 완전한 깨달음을 얻는 길   42
012 • 탐욕은 부메랑이 된다   44
013 • 모든 것이 불타고 있다   46
014 • 흔들림 없이 홀로 나아가라   48
015 • 세상의 유혹에 흔들리지 말라   52
016 • 묵묵히 걷다   54
017 • 비움이 곧 단단함이다   56
018 • 번영할 것인가, 파멸할 것인가   60
019 • 자멸하는 사람   62
020 • 최상의 삶을 살아라   64
021 • 자신이 따라야 할 존재를 알아보다   66
022 • 더 없는 축복 1   68

023	더 없는 축복 2	70
024	어리석은 사람의 최후	72
025	겉과 속이 같은 사람과 함께하라	74
026	때론 혼자만의 시간이 낫다	76
027	홀로 고요하게 살아가는 힘	78

2부 탐욕을 멈추다 — 왜 헛된 집착으로 인생을 괴롭히는가

028	무분별한 쾌락은 삶을 무너뜨린다	84
029	이기는 것에 집착하지 않는다	86
030	최상의 부	88
031	자신을 속이지 말라	90
032	좋은 인연과 나쁜 인연을 가려야 하는 이유	92
033	고통은 집착에서 비롯된다	94
034	욕망은 황금으로도 채울 수 없다	96
035	쾌락을 추구하는 삶은 고통이다	98
036	고통의 두 번째 화살을 피하는 법	100
037	몸과 마음의 고통을 구분하라	104
038	상대방을 존중하고 배려하는 마음	106
039	사랑하는 만큼 고통스럽다면	108
040	관계가 깊어질수록 불안한 이유	110
041	드러나지 않는 고통이 더 위험하다	112
042	있는 그대로 바라보며 고요히 머물러라	114
043	남의 삶과 비교하지 말라	116
044	연잎 위의 물방울이 미끄러지듯 근심이 사라지다	118
045	쾌락의 함정에서 탈출해야 하는 이유	120
046	스스로 만든 거미줄에 갇히지 않으려면	122
047	집착을 끊고 자유를 얻는 길	124
048	허상을 좇지 말라	126
049	나 자신을 스스로 다스리는 힘	128
050	도파민이 기운을 북돋는다는 착각	130
051	삶의 무게를 내려놓는 지혜	132
052	밥 먹을 때 딴짓하면 안 되는 이유	134

053 • 식탐을 가볍게 여기지 말라　　　　　　　　　　　136
054 • 절제로 깨달음에 이르는 법　　　　　　　　　　140

3부　분노를 내려놓다　　왜 순간의 감정에 인생을 낭비하는가

055 • 화는 나를 태운다　　　　　　　　　　　　　　146
056 • 말 한마디가 상처를 남긴다　　　　　　　　　　148
057 • 번뇌의 불에 타오르지 말라　　　　　　　　　　150
058 • 화가 날 때 남겨놓지 말아야 할 것　　　　　　　152
059 • 살아 있는 모든 존재가 다 행복하기를 바란다　　154
060 • 용서가 나를 자유롭게 한다　　　　　　　　　　158
061 • 논쟁을 피해야 하는 이유　　　　　　　　　　　162
062 • 말다툼을 초월한 진정한 평화　　　　　　　　　166
063 • 아름다워 보여도 향기 없는 꽃처럼　　　　　　　168
064 • 크나큰 복을 누리기 위한 길　　　　　　　　　　170
065 • 마음의 짐을 벗고 진정한 자유를 얻다　　　　　172
066 • 비난으로부터 자신을 지키는 법　　　　　　　　174
067 • 불안을 극복하고 평온에 이르는 길　　　　　　　176
068 • 미워하는 마음을 다스리는 사람　　　　　　　　180
069 • 분노가 끓어오르는 순간　　　　　　　　　　　184
070 • 마음의 평정을 유지하는 법　　　　　　　　　　188
071 • 비난에 휘둘리지 말라　　　　　　　　　　　　192
072 • 저속한 사람의 특징 1　　　　　　　　　　　　194
073 • 저속한 사람의 특징 2　　　　　　　　　　　　196
074 • 내뱉은 말과 행동은 자신에게 돌아온다　　　　　198
075 • 안식처는 바로 여기에 있다　　　　　　　　　　200
076 • 악행을 조심하세요　　　　　　　　　　　　　202
077 • 작은 기쁨을 버리는 용기　　　　　　　　　　　204
078 • 마음챙김　　　　　　　　　　　　　　　　　206
079 • 게으름을 경계하라　　　　　　　　　　　　　208
080 • 선행을 쌓아야 하는 이유　　　　　　　　　　　210
081 • 고귀한 마음　　　　　　　　　　　　　　　　212

4부 어리석음을 비워내다 — 왜 삶은 원하는 대로 흘러가지 않는가

082	항상 옳은 것은 없다	218
083	평온한 삶	220
084	변한다는 것은 변치 않는 진리다	222
085	걱정해서 걱정이 없어지면 좋겠지만	226
086	어리석음을 인정하는 것이 곧 지혜다	228
087	선행과 악행의 극단적인 결과	232
088	업보의 무게는 계속 쌓인다	234
089	쓸데없는 생각을 정리하는 방법	238
090	남에게 해로운 행동을 하지 말라	244
091	마음을 길들이고 다스린다는 것	246
092	저속한 사람과 고귀한 사람은 정해져 있지 않다	248
093	고요한 마음으로 들어가는 4단계	250
094	자기 인생은 스스로 책임져야 한다	254
095	감정은 일시적인 것	256
096	극심한 고통 속에서도 분노하지 말라	260
097	상처받을 필요 없다	262
098	고요함이 주는 기쁨	264
099	성숙한 삶을 위한 여섯 가지 원칙	266
100	모든 생명이 고통으로부터 자유롭도록	268
101	온 세상에 이로운 사람	270
102	그릇된 가치관이 만드는 불행	272
103	보살이 두려움을 극복하는 방법	274
104	감각에 대한 무지를 극복하는 방법	276
105	남의 허물을 들추지 말라	278
106	타인의 기준에 휘둘리지 않는 삶	280
107	진정한 자유를 위한 용기	282
108	인생에 불필요한 짐을 내려놓아라	284

나가는 글 • 비울수록 삶은 단단해진다   286

1부

탐진치를 알아차리다

인생에서 기꺼이 버려야 할 세 가지

살다 보면 갖고 싶은 것을 얻지 못해 속상하고, 누군가의 말에 화가 나며, 이유 없이 짜증이 치밀 때가 있습니다. 우리 모두 마음속에서 끊임없이 일어나는 욕심과 분노, 혼란을 경험합니다.

불교에서는 이러한 괴로움을 '탐진치貪瞋癡', 즉 세 가지 독이라고 설명합니다. 이 독에 빠지면 인생의 고통이 시작됩니다. 하지만 이 독을 버리면 우리는 진정한 평온을 얻을 수 있습니다.

탐욕은 채워도 만족할 줄 모르는 끝없는 갈망입니다. 이 집착은 마치 칡덩굴처럼 우리를 얽어매어 초조함과 고통의 늪으로 끌어들입니다. 여기에 '분노'라는 번뇌가 더해지면, 고통의 미로에서 벗어날 길은 더욱 묘연해집니다. 원하는 것을 얻지 못할 때 일어나는 분노는 불길처럼 번져 자신을 태우기도 합니다. 때로는 왜 화가 나는지도 모른 채 화를 내기도 하죠. 이것이 바로 '무지'라는 어리석음입니다.

1부에서 소개하는 부처님의 말씀은 탐진치라는 독의 실체를 꿰뚫어 볼 수 있도록 도와줍니다. 지금까지의 생각을 잠시 멈추고, 고통의 이유를 알고자 하는 열린 마음으로 이 글을 읽어 보세요. 마음을 어지럽히는 불안함과 괴로움은 사라지고, 맑고 향기로운 삶을 되찾는 지혜를 얻게 될 것입니다.

인생이 혼란하게
느껴진다면

논밭의 잡초가 농사를 망치듯
사람의 마음을 해치는 것이 있습니다.

예컨대, 더 많은 돈을 벌기 위해
거짓말로 남을 속이면 당장 이익이 되는 것 같지만
남을 속였다는 생각 때문에 마음은 불편해집니다.

사소한 일에 화를 참지 못하고 분노를 터뜨리면
언뜻 남에게만 피해를 주는 것처럼 보이지만
사실 자신의 마음을 시커멓게 태우는 것입니다.

《숫타니파타》 70-71

번뇌는
마음속에서 자란다

마음을 혼란스럽게 하는 감정은
어디에서 생겨나는 것일까요?

바로 나 자신에게서 생겨납니다.
탐욕과 분노, 좋아하거나 싫어하는 감정,
온갖 망상들이 모두 우리 마음 안에서 일어납니다.

마치 거대한 나무에서 새로운 가지가 돋아나듯,
모든 번뇌는 마음속 집착이라는 뿌리에서 자랍니다.

이 뿌리는 숲속에 끝없이 뻗어 나가는 덩굴과 같아서,
우리 마음을 얽매고 끝없는 고통으로 끌어들입니다.

《숫타니파타》 272

인생이
고달프게 느껴진다면

극단적인 삶의 방식은 우리를 괴롭게 만듭니다.

즐거움과 쾌락을 끝없이 추구하거나,
스스로를 지나치게 괴롭히며
고통스러운 삶을 자처하기도 합니다.

끝없는 욕심, 불타오르는 분노, 미워하는 마음…
그것이 삶을 괴롭게 만드는 장애물입니다.

이 장애물은 자신을 해치고, 남에게도 피해를 줍니다.
마침내 지금의 삶이 괴로워지고
앞으로의 삶에도 근심과 고통이 가득 차게 됩니다.

하지만 자신과 남을 해치는 장애물이 사라지면,
근심과 고통에서 벗어난 마음에
기쁨과 평화가 들어설 자리가 생깁니다.

《잡아함경》

속박에서 벗어나면
평온이 찾아온다

자유를 얻기 위해서는
우리를 숨 막히게 하는 것으로부터
벗어날 필요가 있습니다.

세상살이에 대한 집착과 욕심을 버린 사람은
감각적인 자극이 주는 즐거움에 휘둘리지 않고
고요하고 평화로운 마음을 유지할 수 있습니다.

어떤 속박에도 얽매이지 않을 때
마음이 완전히 해탈하며 고요와 평온을 찾게 됩니다.

《법구경》 10-12

마음이 일으키는
착각

우리는 태어나고 죽는 삶을
아주 오래전부터 반복하고 있습니다.

그런데도 여전히 고통의 끝을 알지 못합니다.
마치 목줄에 묶인 개가
기둥 주변만 맴돌기만 하고
벗어나지 못하는 것처럼 말입니다.

태어남, 늙음, 병듦, 죽음, 근심, 슬픔, 번민…
이러한 것들이 주는 고통에 얽매인다면
우리는 고통의 굴레에서 영원히 벗어나지 못할 것입니다.

어쩌면 이 모든 것을
'나'를 이루는 것이라 착각하는 데서
우리의 고통이 시작되는 것인지도 모릅니다.

《잡아함경》

비로소 삶이
맑고 향기롭다

우리는 눈, 귀, 코, 혀, 피부로 느끼는
감각적 욕망에 이끌려
탐내고 화내며 어리석은 행동에 빠지곤 합니다.

이렇게 더러워진 마음은
우리 자신을 옭아매는 족쇄가 됩니다.

마음을 바르게 살피고 닦아 나가면
모든 괴로움에서 벗어날 수 있습니다.

마음이 깨끗해져야만
비로소 삶이 맑고 향기롭게 빛납니다.

《잡아함경》

뱀이 허물을 벗듯이
번뇌를 벗어라

모든 것이 덧없고 실체가 없음을 깨달으면
더 이상 세상의 욕망에 매달리지 않게 됩니다.

마치 뱀이 묵은 허물을 벗어버리듯
과거의 집착과 번뇌를 모두 떨쳐낼 수 있습니다.

이 깨달음은 이 세상뿐 아니라,
다음 세상에 대한 모든 갈망과 집착까지도 놓게 해줍니다.

모든 것이 공허함을 깨달으면
탐욕스러운 마음도 버릴 수 있습니다.

모든 것이 덧없음을 알게 되면
미워하는 마음을 내려놓을 수 있습니다.

그리고 모든 것의 허망함을 깨달으면
어리석은 마음마저 버릴 수 있습니다.

탐욕, 분노, 무지를 없애면
내면의 작은 악함까지 모조리 뽑아낼 수 있습니다.

마치 뱀이 깨끗한 새 피부를 얻기 위해
낡은 껍질을 완전히 벗어버리듯
이 세상의 모든 집착을 내려놓을 수 있습니다.

《숫타니파타》 10-14

두려움은 어디서 오고 어디로 가는가

지나친 욕심은 강한 집착을 만들고
그 집착 때문에 두려움이 생깁니다.
하지만 탐욕에서 벗어난 사람에게는
더 이상 집착할 것도, 두려워할 것도 없습니다.

미워하는 마음은 분노를 일으키고
그 분노가 다시 두려움을 만듭니다.
하지만 미움에서 벗어난 사람에게는
더 이상 분노할 것도, 두려워할 것도 없습니다.

진리를 모르는 어리석음은 집착을 만들고
그 집착 때문에 두려움이 생깁니다.
하지만 어리석음에서 벗어난 사람에게는
더 이상 집착할 것도, 두려워할 것도 없습니다.

《법구경》 84-86

나태함에서
깨어나라

009

잠든 마음을 깨우려 노력하지 않으면
무지에 빠지게 됩니다.
모든 것을 꿰뚫어 보는 지혜로운 사람은
게으름에서 벗어나 항상 깨어 있습니다.

게으름은 마음을 더럽히는 것이므로,
꾸준히 노력하고 정진해야 합니다.
자신의 마음과 행동을
원칙에 따라 잘 다스리는 사람은
어떤 걱정이나 근심에도 흔들리지 않습니다.

깨어 있는 현명한 사람은
게으름을 가까이하지 않고,
깨달은 사람은 게으름을 완전히 버립니다.
탐욕, 분노, 무지라는 마음의 불을 끄고,
모든 번뇌에서 벗어난 자유의 기쁨을 누릴 수 있습니다.

《법구경》 19-21

거대한 산은
바람에 흔들리지 않는다

비난받을 만한 나쁜 행동은 버리고,
칭찬받을 만한 좋은 행동을 가까이하며,
마음속 번뇌를 비우고 깨끗하게 하는 것,

이것이 바로 부처님의 가르침입니다.

꾸준히 노력하는 부지런한 사람은
어리석음에서 벗어날 수 있지만,
게으른 사람은 어리석음에 빠져 허우적거립니다.

마치 거대한 산이 바람에도 흔들리지 않듯,
지혜로운 사람은 비난에도 마음이 흔들리지 않습니다.

게으르고 어리석어 정진하지 않는 사람은
지혜로운 이의 가르침을 따르지 않고,
마음속 번뇌에 휩쓸려 고통받게 됩니다.

진정으로 현명한 사람이

게으름을 경계하며

꾸준한 노력과 부지런함을

가장 귀한 보물로 여기는 이유입니다.

《법구경》 22-25

완전한 깨달음을 얻는 길

탐욕과 분노와 무지는
위대한 사람의 마음조차 묶어버립니다.
마치 대나무가 꽃을 피우고
열매를 맺은 뒤 스스로를 파괴하는 것처럼,
이 세 가지 독은 마음속에서 자라나 자신을 해칩니다.

탐욕과 분노와 무지가 없다면
그것이 바로 진정한 지혜입니다.

얽매이지 않으면 스스로 해치는 일이 없습니다.
이것이 진정으로 위대한 사람의 길입니다.

그렇게 탐욕과 분노와 무지라는 어둠을 버릴 때,
마침내 지혜를 밝히고 완전한 깨달음을 얻을 수 있습니다.

《잡아함경》

탐욕은
부메랑이 된다

탐욕은 마음의 장애가 되어 모두를 고통스럽게 합니다.

다른 사람의 재물을 탐하여 훔친 자는
재물을 잃은 상대에게 해를 입힐 뿐 아니라
잘못의 대가로 법적 처벌을 받게 됩니다.
악한 행위의 대가로 근심과 괴로움을 얻게 됩니다.

분노도 마음의 장애가 되기는 마찬가지입니다.

미워하는 마음에 사로잡혀 복수심에 불타는 자는
폭력적인 행동으로 타인에게 피해를 주고,
그 결과는 부메랑처럼 자신에게 돌아와
처벌과 파멸을 겪게 합니다.

이렇게 마음의 장애는 자신과 타인의 삶을 모두 파괴합니다.

《잡아함경》

모든 것이
불타고 있다

무엇이 불타고 있습니까?

눈이 불타고 있고, 눈에 보이는 대상들도 불타고 있으며,
눈으로 느끼는 감각마저도 불타고 있습니다.

무엇에 의해 불타고 있습니까?
탐욕의 불, 미움의 불, 어리석음의 불에 의해
모두 불타고 있습니다.

이처럼 모든 것이 불타고 있음을 아는 사람은
눈에 대해서도 집착하지 않고,
눈으로 보는 대상에도 애착을 두지 않으며,
어떤 것에도 흔들리지 않게 됩니다.

그때 헛된 생각이 사라지고 완전한 지혜가 드러납니다.

《잡아함경》

흔들림 없이
홀로 나아가라

무리에서 벗어난 거대한 코끼리가
숲속을 자유롭게 거닐 듯이
코뿔소의 뿔처럼
흔들림 없이 홀로 나아가세요.

직장에서 겪는 스트레스, 가정에서 오는 문제,
사람들과의 갈등처럼
우리를 괴롭히는 일은 많습니다.

하지만 그런 일에 무너지지 않고,
흔들림 없이 나아가는 용기가 필요합니다.

다른 사람들과 어울리는 즐거움에 빠져 있으면
정작 자신을 돌아보고 마음의 평화를 찾을 시간을 잃게 됩니다.

세상의 가치관에 얽매이지 않고 진리를 깨달은 사람은
코뿔소의 뿔처럼 홀로 나아갈 수 있습니다.

다른 이의 삶을 보며 화려함에만 집중하다 보면,
정작 자신의 내면을 들여다볼 기회를 놓치게 됩니다.

세상의 판단에 휘둘리지 않는 단단한 마음을 가지면
온전히 자신의 호흡으로 살아갈 수 있습니다.

《숫타니파타》 53-55

세상의 유혹에
흔들리지 말라

다른 사람의 것을 빼앗기 위해 속이지 말고,
자신을 높이기 위해 남의 좋은 점을 깎아내리지 마세요.

동료가 좋은 성과를 냈을 때,
시기하거나 공을 가로채고 싶을 만큼 마음이 불편하다면
그때는 자신을 돌아보아야 할 때입니다.
부정적인 감정을 솔직하게 인정하고
내려놓을 수 있어야 합니다.

옳지 못한 행동을 하고 잘못된 가치관에 사로잡힌
나쁜 친구는 멀리해야 합니다.
매일 불평불만만 늘어놓는 사람도 가까이하지 마세요.
때로는 관계를 끊는 용기가 필요합니다.
적당한 거리를 두는 것이 자신을 지키는 현명한 방법입니다.

《숫타니파타》 56-57

묵묵히 걸다

소리에 놀라지 않는 사자처럼,
그물에 걸리지 않는 바람처럼,
흙탕물에 더럽혀지지 않는 연꽃처럼.

오직 자신의 길을 묵묵히 걸어가는
사자처럼 용기를 가지세요.
어떤 상황에 갇히더라도
바람처럼 자유롭게 흘러가며,
세상의 더러움 속에서도
연꽃처럼 순수함을 유지하며 살아가세요.

《숫타니파타》 71

비움이 곧
단단함이다

탐욕, 분노, 무지가 자라지 못하도록 막지 않으면
씨앗이 물과 거름을 만나 계속 자라듯
번뇌의 씨앗들이 자랍니다.

탐욕, 분노, 무지를 끊어버리면
씨앗이 자라지 못해 결국 썩어 없어지듯
모든 괴로움도 사라집니다.

마음속에 탐욕이 남아 있으면
탐욕은 씨앗이 자라듯 커집니다.
하지만 탐욕이 사라지면
집착하는 마음 안에 얽매인 것들이 끊어집니다.

번뇌의 씨앗이 자라지 않으면
번뇌를 일으키는 행동을 하지 않게 되고,
행동하지 않은 뒤에는 마음이 머무르고,
마음이 머무른 뒤에는 만족할 줄 알며,
만족을 알게 되면 해탈에 이릅니다.

해탈한 뒤에는 모든 세간에 대해
취할 것도 없고 집착할 것도 없게 되며,
마침내 삶의 올바른 이치에 한 걸음 가까워집니다.

《잡아함경》

번영할 것인가,
파멸할 것인가

번영하는 사람과 파멸하는 사람을 알아보는 일은
어렵지 않습니다.

예컨대, 가르침을 사랑하는 사람은 번영할 것이고
가르침을 싫어하는 사람은 파멸할 것입니다.
참됨을 따르는 사람은 번영하고
거짓을 따르는 사람은 파멸합니다.
정진하는 사람은 번영하고
나태한 사람은 파멸합니다.

당신은 어떤 길을 선택하겠습니까?
번영하는 길도 파멸하는 길도,
결국 당신의 마음속에 있습니다.

《숫타니파타》 92-97

자멸하는 사람

019

넘치는 재물과 맛있는 음식을 쌓아 두고도,
혼자만 즐기고 타인과 나눌 줄 모르는 사람이 있습니다.
색정에 미치고, 술에 중독되고, 도박에 빠져
손에 쥐는 것마다 탕진하는 사람도 있습니다.
자신의 배우자에게 만족하지 못하고,
옳지 않은 관계에 탐닉하며 욕망을 채우는 사람도 있습니다.

이들은 스스로 파멸에 이르는 문을 열고 있는 것입니다.

《숫타니파타》 102-108

최상의 삶을
살아라

세상에서 가장 큰 재산은 믿음이며,
참된 가르침을 따르는 삶은 진정한 평온으로 이끕니다.
모든 맛 중 으뜸은 진실이고,
최상의 삶은 지혜로운 삶입니다.

강한 믿음은 세상의 거친 파도를 견디게 하고,
게으르지 않은 마음은 삶의 큰 바다를 건너게 합니다.
끊임없는 노력은 괴로움을 이기는 힘이 되며,
지혜는 마음을 맑게 합니다.

평온한 삶을 원한다면, 참된 가르침을 믿고 배우세요.
자신에게 주어진 일을 성실히 수행하고,
진실되게 살며 가진 것을 나누세요.

성실함, 자제력, 참을성, 베풂을 삶의 지침으로 삼는다면,
현세와 내세의 모든 걱정에서 자유로워질 것입니다.

《숫타니파타》 182-188

자신이 따라야 할
존재를 알아보다

스스로 삶을 다스릴 줄 아는 사람은
칭찬과 비난에 흔들리지 않습니다.
남에게 이끌리지 않고,
남을 이끄는 존재로 거듭납니다.

남에게 거칠고 극단적인 말을 듣더라도
목욕장에 서 있는 기둥처럼 태연하며,
옷감을 가로세로 정렬하며 천을 짜는 베틀처럼
바른 것과 바르지 않는 것을 분별할 줄 아는 존재.

보는 눈이 있는 현명한 사람이라면
마땅히 그런 존재들을 존경합니다.

《숫타니파타》 213-215

더 없는
축복 1

주변에 어리석은 사람이 없고
슬기로운 사람이 많다면,

많이 배우고 익히며
의미 있는 대화를 나누는 삶을 살고 있다면,

아버지와 어머니를 섬기고
배우자와 자식을 돌볼 수 있다면,

나누고 베풀며 정의롭게 살고
비난받지 않는 행동을 할 줄 안다면,

이것이야말로 더 없는 축복입니다.

《숫타니파타》 259-263

더 없는 축복 2

나쁜 행동을 싫어하여 멀리하고
술 마시는 것을 절제하며
배움을 실천하고
만족하며 감사할 줄 알고
인내하는 온화한 마음을 가지며
세상살이 많은 일에 흔들리지 않는다면,

이것이야말로 더 없는 축복입니다.

이러한 길을 따르면
어디서든 실패하지 않고
실패하더라도 다시 일어설 수 있으며
모든 곳에서 번영하리니,

이것이야말로 더 없는 축복입니다.

《숫타니파타》 264-269

어리석은 사람의 최후

거칠게 말하고 남을 괴롭히기 좋아한다면
짐승의 삶을 사는 것과 다름없습니다.

그런 행동을 지속한다면
삶은 빛을 잃고 스스로를 더럽히게 될 것입니다.

깨우치기 어려운 어리석음은
자신이 지옥으로 가고 있다는 사실조차
알아채지 못하게 만듭니다.

똥구덩이가 세월이 지나도 똥으로 가득 차 있듯
행실이 더러운 자는 참으로 깨끗해지기 어렵습니다.

《숫타니파타》 275-277

겉과 속이 같은 사람과
함께하라

말이 거칠고 남을 괴롭히기 좋아하는 사람은
세속의 번뇌에 묶여 있는 상태입니다.
악을 원하고 악한 의도를 갖고 있으니
겉모습에 속아서는 안 됩니다.

깨어 있는 자들은 함께하며
그러한 사람을 물리칩니다.
쌀겨처럼 그를 키질하여
쓰레기처럼 날려 버리세요.

깨끗한 사람은 깨끗한 사람과 함께하세요.
서로 화합하여 슬기롭게 산다면
마침내 괴로움이 끝날 것입니다.

《숫타니파타》 278-283

때론 혼자만의
시간이 낫다

지혜롭고 남을 도울 줄 알며
예의까지 갖춘 친구를 만나는 것은 정말 행운입니다.
이런 친구와 함께라면
어떤 어려움이 닥쳐도
든든하게 이겨낼 수 있습니다.
만약 그런 소중한 동반자가 있다면
함께하는 시간에 감사해야 합니다.

만약 그런 동반자를 찾지 못했다면
미련을 갖지 말고 홀로 단단해지세요.
굳이 인연에 연연하며 괴로워할 필요는 없습니다.
그럴 때는 차라리 혼자만의 시간을 가지며
온전히 나 자신에게 집중하는 것이 낫습니다.

《숫타니파타》 45-47

홀로 고요하게
살아가는 힘

바쁘게 살다 보면 내면에 귀 기울일 시간이 없습니다.
고독은 외롭고 쓸쓸한 상태가 아니라
외부에서 들려오는 소음을 차단하고
오직 나에게만 집중하는 시간입니다.

주말에 혼자 조용한 곳에 앉아 책을 읽거나
공원을 산책하며 자신과 대화하는 시간을 통해
고독의 힘을 경험할 수 있습니다.

이렇게 얻은 마음의 평온과 명상의 기쁨을 안다면
어떤 유혹에도 흔들리지 않게 됩니다.

《법구경》 205

2부

탐욕을 멈추다

왜
헛된 집착으로
인생을 괴롭히는가

끝없이 무언가를 가지려는 마음은 지나친 욕망과 집착으로 이어집니다. 이 마음은 우리를 고통의 늪에 빠지게 하는 근원 중 하나이지요. 원하는 것을 얻었을 때 잠시 기쁘지만, 그 기쁨은 오래가지 않습니다. 우리는 또 다른 것을 향한 욕망에 사로잡혀 초조하고 불안하게 살아갈 테니까요. 원하는 것을 얻지 못하면, 그 순간까지 고통과 불안은 지속됩니다. 만족을 모르는 마음은 언제나 목마른 법입니다.

왜 우리는 이토록 불안에 떨면서도 스스로 고통을 반복할까요? 그것은 우리가 도무지 만족할 줄 모르는 존재이기 때문입니다. 채우고 또 채워도 탐욕의 그릇을 채우기는 쉽지 않습니다. 텅 빈 마음을 외부의 무언가로 계속 채우려 하지만, 애초에 채울 수 없다는 것을 깨닫는 것이 중요합니다. 그것은 그릇된 환상이고 단순한 착각일 뿐입니다.

2부에서는 탐욕과 집착을 내려놓는 연습을 통해 비움의 지혜를 배울 것입니다. 지금 나에게 주어진 것에 감사하고 만족하는 마음을 키우는 것부터 시작해 보세요. 마음이 훨씬 가벼워질 것입니다. 진정한 풍요는 무작정 채워 넣는 것이 아니라, 내면의 평화와 충족감에서 비롯된다는 것을 깨닫는 것이 중요합니다. 이때 비로소 텅 빈 삶이 기쁨으로 가득 차게 될 것입니다.

무분별한 쾌락은
삶을 무너뜨린다

무분별한 쾌락에 취하다 보면
인간이 가진 본성을 서서히 잊게 됩니다.
어리석은 사람은 자신의 삶을 포기한 채
'내 인생은 내가 알아서 하니까 관심 꺼'라고 말하지만
결국 자신을 망치는 데 그치지 않고
주변 사람들까지 힘들게 만듭니다.

《법구경》 355

이기는 것에
집착하지 않는다

이긴 사람은 언젠가 복수당할까 봐 불안해하고
진 사람은 패배의 괴로움에 시달립니다.
경쟁은 결국 모두에게 고통을 가져다줍니다.

하지만 마음의 평화를 얻은 사람은
이기고 지는 것에 연연하지 않습니다.
승패를 초월했기에
늘 즐겁게 살아갈 수 있습니다.

《법구경》 201

최상의 부

건강은 돈으로 살 수 없는 최고의 자산입니다.
아무리 많은 돈이 있어도
몸이 아프면 그 부를 제대로 누릴 수 없지요.

만족하는 마음이 있으면
최상의 부자가 됩니다.
남들이 신상품이나 명품을 살 때에도
내가 가진 것에 만족할 줄 안다면
더 좋은 것을 가져야 한다는 욕심에 시달리지 않습니다.

현재의 삶에 감사하고 만족하기 때문에
다른 사람과 비교하며 부러워하지 않게 됩니다.

《법구경》 204

자신을
속이지 말라

사람들이 유행을 좇아 값비싼 명품에 열광할 때,
'정말 나에게 필요한 것인가?'
스스로에게 질문해 보세요.

자신의 감정이나 상황에 따라 자신을 속이고 포장하기보다
솔직하고 진실한 태도로 말하는 것이 언제나 낫습니다.

《숫타니파타》 59

좋은 인연과 나쁜 인연을 가려야 하는 이유

어리석고 해로운 사람들을 만나지 않는다면
우리의 삶은 늘 편안하고 행복할 겁니다.

달이 우주 질서를 따라 정해진 길을 가듯
우리의 삶도 만나는 사람에 따라 흘러갑니다.

지혜롭고 인내심 있으며 믿음직한 좋은 사람과
훌륭한 스승을 찾아 따르세요.

《법구경》 206-208

고통은
집착에서 비롯된다

목마를 때 소금물을 마시는 것처럼
인생을 사는 사람이 있습니다.
소금물은 마시면 마실수록 갈증이 심해질 뿐
절대 해소되지 않지요.

집착하고 욕망하는 마음에도 고통이 따릅니다.
욕망은 끝내 채워지지 않으며
근심과 괴로움만 더할 뿐이기 때문이지요.

집착을 내려놓는 것,
그것이 고통을 끊는 방법입니다.

《증일아함경》

욕망은 황금으로도 채울 수 없다

황금이 소나기처럼 쏟아져 내려도
사람의 끝없는 욕망을 결코 다 채울 수 없습니다.
욕망은 잠시 스치는 쾌락만 줄 뿐이기 때문입니다.

지혜로운 사람은 욕망의 본질을 명확히 알기 때문에
천상의 지극한 쾌락이라도 결코 기뻐하지 않습니다.

부처님의 가르침을 따르는 사람이라면
욕망이 완전히 사라짐을 진정으로 기뻐할 것입니다.

《법구경》 186-187

쾌락을 추구하는
삶은 고통이다

사람들은 그토록 갈망하던 즐거움이 사라지면
독화살에 맞은 것처럼 극심한 고통에 시달리게 됩니다.
이것은 부서진 배에 스며드는 물처럼
우리의 삶을 가차 없이 집어삼켜 침몰하게 합니다.

뱀의 머리를 밟지 않으려 조심하듯
모든 감각적인 욕망을 멀리하는 사람은
집착이 고통의 근원임을 깨닫습니다.

고통에서 벗어나기 위해서는 정신을 똑바로 차려야 합니다.
마치 배에 들어찬 물을 퍼내며 강을 건너듯
탐욕이라는 폭풍우를 헤쳐 나갈 때
우리는 진정한 행복을 찾을 수 있습니다.

《숫타니파타》 59

고통의 두 번째 화살을
피하는 법

세상의 어리석은 사람들은
몸으로 괴로움을 느끼고 마음으로도 슬퍼합니다.

마치 첫 번째 화살에 맞았는데,
이어서 두 번째 화살까지 맞는 것과 같습니다.

이 사람들은 괴롭지 않은 느낌에 탐욕을 품고
괴로운 느낌에 분노를 품습니다.
또한 즐겁지도 괴롭지도 않은 느낌을 알지 못합니다.

이때 탐욕과 분노의 잠재적 경향이
마음속에 뿌리를 내립니다.
무지의 잠재적 경향 또한 뿌리를 내리게 됩니다.

그는 즐거운 느낌에서 벗어나지 못하고,
괴로운 느낌에서 벗어나지 못하며,
즐겁지도 괴롭지도 않은 느낌에서도 벗어나지 못합니다.

즐거운 느낌에 묶여 있고,

괴로운 느낌에 묶여 있으며,

괴롭지도 즐겁지도 않은 느낌에 묶여 있기 때문입니다.

《잡아함경》

몸과 마음의
고통을 구분하라

지혜로운 사람은 고통스러운 감각에 접촉되더라도
몸으로는 괴로움을 느끼지만
마음으로는 슬퍼하거나 근심하지 않고,
가슴을 치며 울부짖거나 혼란스러워하지 않습니다.

그는 단지 이렇게 생각할 뿐입니다.
'나는 몸으로 괴로움을 느끼는구나.'

하지만 이렇게 생각하지는 않습니다.
'나는 마음으로 괴로움을 느끼는구나.'

그에게는 오직 한 가지 느낌만 존재합니다.
몸의 느낌만 있을 뿐 마음의 느낌은 없습니다.
어떤 사람이 오직 하나의 화살만 맞고
두 번째 화살은 맞지 않는 것과 같습니다.

《잡아함경》

상대방을 존중하고 배려하는 마음

생명을 지닌 존재에게는
함부로 대하거나 괴롭히지 마세요.
단순히 물리적인 해를 가하는 것을 넘어
말로 상처를 주는 것까지 조심해야 합니다.

자녀나 친구처럼 소중한 관계에 대해서도
마음이 얽매이지 않도록 주의해야 합니다.
사랑은 하되, 그 사랑에 대한 집착은 내려놓으세요.

사랑은 상대방을 존중하고 배려하는 마음입니다.
반면 집착은 내 뜻대로 되지 않을 때
상대를 괴롭히고 해를 입히는 마음입니다.

그 사람을 나처럼 고귀한 생명을 지닌
소중한 존재로 여기며 대해야 합니다.

《숫타니파타》 35-36

사랑하는 만큼
고통스럽다면

친구나 가족처럼 가까운 사람들과의 관계에서는
사랑과 그리움이 자연스럽게 생기기 마련입니다.
좋은 감정이 흐를 때는 즐겁지만
그것이 사라진 후에도
계속해서 집착하면 괴로움을 느끼게 됩니다.

가까운 사람을 지나치게 동정하게 되면
올바른 판단을 내리지 못하고 손해를 볼 수도 있습니다.
자식이나 배우자, 부모에 대한 애착은
얽히고설킨 덩굴처럼 마음을 복잡하게 묶어 놓습니다.

《숫타니파타》 37-38

관계가 깊어질수록
불안한 이유

숲속의 사슴이 어떤 것에도 묶이지 않고
자유롭게 먹이를 찾아다니듯
지혜로운 사람은 세상의 어떤 것에도 얽매이지 않고
독립과 자유를 추구합니다.

우리는 누군가와 함께하며 기쁨을 느끼지만
관계가 깊어질수록 헤어질까 불안해하고,
실제로 헤어지면 큰 고통을 겪게 됩니다.

결국 모든 관계에서 오는
즐거움과 괴로움을 이해하고
받아들일 줄 아는 마음이 필요하며,
그래야 관계 속에서도 흔들리지 않을 수 있습니다.

《숫타니파타》 39-40

드러나지 않는 고통이
더 위험하다

아무리 가까운 사이일지라도 두 사람이 함께하다 보면
의견 충돌이나 다툼이 생길 수 있습니다.

친한 친구와 함께 여행을 갈 때
한 사람은 맛집 탐방을 원하고,
다른 사람은 조용한 휴식을 원할 수 있습니다.
사소한 차이로도 서운하고 다툴 수 있어요.
이런 갈등은 관계를 얽매는 원인이 되기도 합니다.

관계 속에 숨은 고통과 갈등의 위험을 깨달은 자만이
그 문제들에 휘둘리지 않고
마음의 평화를 지키는 방법을 찾을 수 있습니다.

《숫타니파타》 48-50

있는 그대로 바라보며
고요히 머물러라

탐욕이 있는 마음은
'탐욕이 있는 마음이다'라고 알고
탐욕이 없는 마음은
'탐욕이 없는 마음이다'라고 알아차리세요.

화나는 마음과 어리석은 마음까지,
모든 마음의 상태를
있는 그대로 관찰하고 알아차리며
마음을 챙겨 머무르세요.

《잡아함경》

남의 삶과
비교하지 말라

우리는 화려한 삶을 살아가는 사람들을 보며
'나도 저렇게 살아야 행복할 텐데' 하고 부러워합니다.
그러나 겉모습은 달콤한 미끼일 뿐입니다.
결국 끝없는 비교와 불행이라는 낚싯줄에 걸리는 것과 같습니다.

더 이상 남의 삶을 비교하며 괴로워하는 것을 멈출 때
물속의 물고기가 그물을 찢고 자유롭게 나올 수 있습니다.

《숫타니파타》 61-62

연잎 위의 물방울이 미끄러지듯 근심이 사라지다

044

부유한 상인이 있었습니다.
그는 더 많은 재물을 쌓기 위해 끊임없이 돈을 벌었지만
끝없는 욕심에 사로잡혀 있었습니다.
더 넓은 땅을 사고, 더 많은 곡식을 쌓으려 애썼지만
마음은 늘 부족함에 시달렸습니다.
가진 것이 늘어날수록 그것을 잃을까 걱정했고
밤에도 편히 잠들지 못했습니다.

자신의 욕망을 스스로 다스릴 줄 아는 사람이 있었습니다.
마치 연잎 위의 물방울이 미끄러지듯
그의 마음에는
어떤 근심도 머물지 못하고 흘러내렸습니다.
세상의 욕심과 걱정이 아무리 쏟아져도
깨끗이 털어내고 평온을 유지할 수 있었습니다.

《법구경》 336

쾌락의 함정에서
탈출해야 하는 이유

육체적인 욕망에 사로잡힌 이들은
함정에 빠진 토끼처럼 같은 자리를 맴돌기 마련입니다.
집착과 속박이라는 촘촘한 그물에 걸려
오랫동안 괴로움을 겪을 수밖에 없습니다.

예컨대, 사소한 취미로 시작한 도박이 점점 커져
돈을 잃고 후회하면서도 어리석은 욕망에 사로잡힌 모습은
마치 함정에 빠져 발버둥 치는 토끼와 같습니다.
그에게는 자유가 없고, 오직 괴로움만 남습니다.

어렵게 욕망이라는 숲을 벗어났음에도
그곳에 마음을 빼앗기고 되돌아가는 사람도 있습니다.
겨우 속박에서 벗어나 잠시 평온하고 행복했지만
한탕에 성공한 옛 친구를 보며 욕심에 사로잡힙니다.
결국 힘들게 벗어났던 함정에 빠져
이전과 같은 불안과 고통을 되풀이하게 됩니다.

《법구경》 342-344

스스로 만든 거미줄에
갇히지 않으려면

애착에 묶인 마음은
결국 욕망의 흐름을 따라갈 수밖에 없습니다.
우리가 무언가에 강하게 끌려 집착할 때,
마치 거미가 스스로 만든 거미줄에 매달리듯,
자신의 욕심이 만든 굴레에 갇히게 됩니다.
높은 명예를 얻고 싶은 욕망에 사로잡힌 사람은
끊임없이 타인의 인정을 갈구하며 노력합니다.
그 명예를 얻은 뒤에도 더 큰 명예를 바라며,
혹시라도 명성이 사라질까 늘 불안해합니다.

하지만 지혜로운 사람은
과거의 실패를 곱씹으며 괴로워하지도 않고,
아직 오지 않은 미래의 성공만을 바라보며
지금 이 순간을 허비하지 않습니다.
모든 순간의 감정과 욕망을 흘려보내며,
오직 지금 이 순간에 집중합니다.

《법구경》 347-348

집착을 끊고
자유를 얻는 길

047

탐욕스러운 마음조차 솔직하다고 여기는 사람이 있습니다.
그는 자신이 가진 물건이나 지위를 남에게 자랑하는 것을
'성실함의 증거'라고 합리화하며,
더 큰 만족을 위해 끝없이 물질적인 욕망을 좇습니다.
그러나 욕심이 만든 감옥에 갇힌 마음은 점점 불안해집니다.

탐욕스러운 마음이 자신을 괴롭히고 있었다는
불편한 진실을 깨닫는 순간,
비로소 그 욕심에서 벗어날 힘을 얻습니다.
진실을 마주하는 용기야말로
삶을 옭아맸던 모든 굴레를 끊어내는 힘이 됩니다.

《법구경》 349-350

허상을
좇지 말라

물리적 실체, 감각적 느낌,
마음의 개념화, 무의식과 의식으로
우리의 존재는 구성되어 있습니다.

이 모든 것은 실체가 없기 때문에
끊임없이 변하고 사라집니다.

사랑하고 집착할수록
괴로움을 사랑하고 기뻐하는 것과 다름없습니다.

《잡아함경》

나 자신을
스스로 다스리는 힘

자신과 세상을 있는 그대로 보지 못하고
보고 듣고 느끼는 감각적 욕망을 제어하지 못하며
먹고 마시는 일에 절제가 없는 게으른 사람은
마음의 힘이 약해집니다.
바람이 약한 나무를 쓰러뜨리듯이
온갖 유혹과 시련에 쉽게 무너집니다.

자신의 몸을 있는 그대로 바라보고
보고 듣고 느끼는 모든 감각을 다스릴 수 있으며
먹고 마시는 일을 절제하고
항상 꾸준히 노력하는 사람은
아무리 사악한 유혹이나 어려움이 닥쳐도
큰 산이 바람에 흔들리지 않듯
굳건하게 버틸 수 있습니다.

《법구경》 7-8

도파민이 기운을
북돋는다는 착각

감각적 쾌락에 사로잡히면 결국 고통에 이르게 됩니다.
그러나 그 위험을 보지 못하는 사람은
마치 덫에 걸린 숲속의 사슴과 같습니다.

감각적 쾌락의 위험을 분명히 알고
벗어나는 방법을 아는 사람은
덫에 걸리지 않은 사슴처럼 재앙을 피하며
번뇌라는 사냥꾼에게 끌려가지 않습니다.

눈, 귀, 코, 혀, 몸으로 느끼는
감각적 쾌락에서 멀어진 사람은
자신 있게 걷고, 서고, 앉고, 눕습니다.
이미 번뇌의 영역에서 벗어나 있기 때문입니다.

《중아함경》

삶의 무게를
내려놓는 지혜

우리가 짊어진 무거운 짐은
바로 우리 자신을 이루는 다섯 가지 요소입니다.
이는 단순히 몸이나 물질만을 의미하는 것이 아니라,
우리가 느끼는 감각, 머릿속의 생각, 행동하려는 의도,
그리고 모든 것을 분별하는 인식 작용을 포함합니다.
우리는 태어나서 죽을 때까지
'나'라는 존재를 이루는 모든 것들을 짊어지고 살아갑니다.

이 짐을 지고 가는 가장 큰 이유는
지금의 행복을 계속 누리고 싶은 욕망 때문입니다.
현생의 기쁨에 집착하며 삶이 영원히 이어지기를 바라는 마음이
그 짐을 내려놓지 못하게 합니다.

이 짐을 내려놓는 방법은 생각보다 간단합니다.
존재가 영원하기를 바라는
지나친 욕망을 내려놓는 것입니다.

《잡아함경》

밥 먹을 때
딴짓하면 안 되는 이유

식사는 단순히 배를 채우는 행위가 아닙니다.
우리의 삶과 마음을 유지하고 성장시키는 행위입니다.
우리가 먹는 음식은 물리적인 것에 그치지 않고
정신적인 영역까지 영향을 미칩니다.

음식을 올바르게 취하면
복과 덕을 쌓고 마음이 평안을 얻을 수 있습니다.
다른 것을 보며 식사하는 행위는
음식의 맛이나 몸의 느낌에
온전히 집중하지 못하고 마음이 분산되어
복과 덕을 윤택하게 하는 바람직한 경험이 되지 못합니다.

음식을 먹을 때는 의식적으로
마음을 집중하며 먹어야
속이 편안해지고 삶의 만족도도 높아집니다.

《잡아함경》

식탐을 가볍게
여기지 말라

어떤 여인이 병들어 숨쉬기조차
힘들어하며 고통스러워했습니다.
그녀는 과거에 음식을 조절하지 못하고
탐욕으로 인해 그 업보를 겪고 있었던 것입니다.

몸이 병들고 아픈 것을 싫어하면서도
음식에 탐욕을 내고 즐기기를 좋아하는 사람은,
마치 상한 음식에 독을 타서 먹는 것과 같아
병을 낫게 하기는커녕 오히려 더 큰 괴로움에 빠집니다.

만일 음식에 대한 탐욕이 없다면
그것이 곧 병을 낫게 하는 약이 될 것입니다.

사람은 마땅히 마음을 한곳에 두고
먹을 때마다 양을 조절할 줄 알아야 합니다.
그렇게 하면 과식으로 인한 고통이 줄고
음식을 편히 소화하며 수명을 보존할 수 있습니다.

마차가 삐걱거리는 것은 기름칠을 하지 않았기 때문이고
병이 드는 것은 음식을 조절하지 못했기 때문입니다.
마차에 기름을 잘 칠하면 소리가 나지 않듯
몸이 아프다면 음식을 절제하여
몸을 가볍게 하고 병을 낫게 해야 합니다.

《잡아함경》

절제로
깨달음에 이르는 법

맛있는 음식이나 보기 좋은 것에 욕심내지 않고
굶주림과 목마름을 해소할 만큼만 먹어
몸과 마음의 균형을 유지하는 것.

이것이 바로 수행을 통해 깨달음에 이르는 길입니다.

《잡아함경》

3부

분노를 내려놓다

왜
순간의 감정에
인생을 낭비하는가

화를 내고 나면 후회가 남습니다. 순간의 분노는 나를 태우고, 가장 가까운 사람에게 상처를 남깁니다. 작은 불씨가 큰불로 번지듯, 미움은 방치할수록 삶을 불태웁니다.

우리가 자주 잊는 사실은, 분노의 불길이 가장 먼저 태우는 것이 바로 우리 자신이라는 점입니다. 그리고 그 불길은 결국 나와 가장 가까운 사람들을 먼저 덮친 뒤에야 슬픔의 눈물을 흘리게 하지요.

3부에서는 미움과 분노를 멈추는 연습을 합니다. 자비로운 마음을 기르고 용서하는 법을 배웁니다. '눈에는 눈, 이에는 이'라는 마음으로는 결코 이 문제를 해결할 수 없습니다. 화가 치밀어 오를 때, 몸에서 일어나는 열기나 떨림을 먼저 알아차려 보세요. 몸의 감각을 알아차릴 수 있다면, 마음속에서 이는 미묘한 미움의 기운까지도 볼 수 있습니다.

또한 이유를 따지지 않고 순수하게 사랑하는 마음을 전하는 훈련이 필요합니다. 논리적으로 조건을 세워 사랑하는 것이 아니라, 그저 사랑의 마음을 쓰는 것입니다. 이는 상대를 위해서라기보다, 나 자신이 살아가기 위해서입니다. 분노의 불길을 잠재우기 위해, 자비와 연민이라는 물을 내 마음에 뿌려주는 것이지요. 이 연습을 통해 우리는 관계를 회복하고, 마침내 내면의 평온을 되찾을 수 있을 것입니다.

화는 나를 태운다

마음속의 화를 버리세요.

달리는 수레를 멈추듯
끓어오르는 분노를 다스리는 사람이야말로 참된 마부입니다.
그렇지 못한 사람은 단지 고삐만 쥐고 있을 뿐입니다.

부드러운 마음으로 화를 이기십시오.
착한 일로 악행을 저 멀리 보내고,
베풂으로 인색함을 물리치며,
진실로 거짓을 꺾으시기 바랍니다.

《법구경》 221-223

말 한마디가
상처를 남긴다

'그 사람은 나를 욕하고 상처 입혔다'
'나를 짓밟고 내 것을 빼앗아 갔다'
이런 생각을 품고 있는 한,
미움이 가라앉지 않습니다.

원한을 붙잡는 마음은
끝내 자기 자신을 괴롭힐 뿐입니다.
원한은 원한으로는 결코 사라지지 않습니다.
오직 원한을 내려놓을 때에만
비로소 사라집니다.
이것은 변치 않는 영원한 진리입니다.

《법구경》 3-5

번뇌의 불에
타오르지 말라

누군가 듣기 싫은 말을 할 때
그 자극에 휘둘리거나 방황하지 말고
감각을 잘 다스려 마음을 지켜내세요.
번뇌의 불길에 휩싸이지 않도록 말이에요.

화가 치밀어 오르는 순간에도
감정에 휩쓸려 폭언을 내뱉지 말고
잠시 멈추어 마음을 고요히 다스려 보세요.

내 마음의 불길이 번져
다른 사람과 나를 함께 태우지 않도록
막아 낼 수 있습니다.
모든 감각을 스스로 다스리며
평온한 마음을 지켜내는 것이 바로 흔들림 없는 삶의 태도입니다.

《숫타니파타》 63

화가 날 때
남겨놓지 말아야 할 것

우리는 산호나무가 잎을 떨구듯
과거의 불필요한 것들을 내려놓아야 합니다.
당신을 얽매는 원한, 질투 같은
감정의 앙금을 남겨놓지 마세요.

더 이상 필요 없는 물질에 대한 집착,
성장을 가로막는 낡은 생각과
타인의 시선도 모두 내려놓아야 합니다.

이 모든 것을 내려놓고
수행하는 마음으로 꿋꿋이 걸어갈 때
비로소 진정한 자유가 우리 앞에 펼쳐집니다.

《숫타니파타》 64

살아 있는 모든 존재가
다 행복하기를 바란다

어떠한 생명일지라도
강하든 약하든, 굳세든 연약하든,
길든 짧든, 크든 작든, 굵든 가늘든,
모든 존재가 평안하고 안락하길 바랍니다.

눈에 보이든 보이지 않든,
멀리 살든 가까이 살든,
이미 태어난 존재든, 앞으로 태어날 존재든,
살아 있는 모든 생명은 행복하길 바랍니다.

마치 어머니가 목숨을 걸고 아이를 지키듯
모든 살아 있는 존재를 향해
끝없는 자비심을 내십시오.

온 세계에 무한한 자비를 베푸세요.
위로 아래로 옆으로
장애도 원한도 없으며
적의도 없는 자비를 행하길 바랍니다.

서 있을 때나 길을 걸을 때나
앉아 있을 때나 누워 있을 때나
깨어 있는 순간마다 이 자비심을 굳게 지니세요.

이 세상에서는 이러한 상태를
신성한 경지라 부릅니다.

《숫타니파타》 145-151

용서가 나를
자유롭게 한다

아무 잘못도 하지 않았는데
사람들이 와서 화를 내고 욕을 하며 꾸짖는다 해도
두려워하거나 똑같이 화로 맞서거나
복수를 생각해서는 안 됩니다.

화를 잘 내는 사람은
여럿이 모여 이야기할 때에도
자기 주장만을 고집하고 양보하지 않아
다툼이 끊이지 않습니다.

싸움은 누구에게도 이익이 되지 않고
고통만 남깁니다.

누군가 내게 욕을 한다면
그 말에 욕으로 대응하지 말고
오히려 나의 좋지 못한 버릇을 고쳐주는
고마운 말로 생각하세요.

용서하는 마음을 지닌 사람은
미워하는 마음을 갖지 않게 됩니다.
그 덕분에 다툼도 사라져
밤에는 편히 잠들고 걱정할 일도 줄어듭니다.

자신의 잘못은 뉘우쳐 반성하고,
남의 잘못은 미워하지 말고
너그럽게 용서하세요.

《증일아함경》

논쟁을
피해야 하는 이유

'내 말이 옳다'며 고집을 부리며
논쟁하기를 좋아하는 사람이 있습니다.
그 사람은 논쟁에서 이기고 칭찬받기 위해 온 힘을 다합니다.

다른 의견은 모두 틀렸다고 단정하고,
남의 생각은 존중하지 않으며,
오직 자기 주장만 펼칩니다.

논쟁에서 이기면 기고만장해지고,
지면 수치심과 분노에 사로잡힙니다.

그러나 이런 논쟁은 피해야 합니다.
논쟁에서 이겨 얻을 수 있는 것은
고작 잠깐의 '칭찬'일 뿐,
참된 이익은 없습니다.

바라던 대로 이겨 좋은 평가를 얻으면,
사람들은 우쭐대며 잠시 기뻐할 뿐입니다.

하지만 바로 그 순간,
자만하고 교만한 마음이
숨김없이 드러나 버릴 것입니다.

《잡아함경》

말다툼을 초월한
진정한 평화

한 가지 견해에 집착하지 않고,
다른 견해를 가진 이와 싸우려 하지 않으며
적대적인 마음을 완전히 버리고 살아간다면
그 사람은 참으로 깨우친 자입니다.

자신이 옳다며 싸우고,
적대적인 마음에 사로잡혀 살아간다면
대체 무엇을 얻을 수 있겠습니까.

고집스럽게 자신의 견해에 매달려
논쟁을 벌이는 사람은
결코 진정한 깨달음의 길에서
한 걸음도 나아갈 수 없습니다.

《숫타니파타》 832-834

아름다워 보여도
향기 없는 꽃처럼

아무리 아름답고 고울지라도
향기 없는 꽃이 있듯
실천이 따르지 않는 사람의 말은
겉으로는 그럴듯해 보여도 속이 비어 있습니다.

반대로 고운 자태를 품으면서도
은은한 향기를 풍기는 꽃이 있듯
실천이 담긴 사람의 말은
그 울림이 멀리까지 전달됩니다.

《법구경》51-52

크나큰 복을
누리기 위한 길

거짓을 멀리하고
오직 진실만을 말하세요.

끓어오르는 화를 다스리고,
분노를 드러내지 마세요.

가진 것이 적더라도
누군가 필요로 한다면 선뜻 내어주어야 합니다.

그렇게 쌓은 덕은
결국 크나큰 복으로
돌아올 것입니다.

《법구경》 224

마음의 짐을 벗고
진정한 자유를 얻다

마음속에 미움과 분노를 두지 않고
내가 원치 않는 것이 '있다'는 집착과
내가 원하는 것이 '없다'는
두려움마저 뛰어넘는다면,

쓸데없는 망상을 모두 불태워
남김없이 번뇌를 내려놓을 수 있게 됩니다.

넘치지도 모자라지도 않게,
모든 쓸데없는 논쟁과 분별을 초월한다면
치닫지도 뒤처지지도 않고
세상의 모든 것이 허망함을 깨달아
진정한 자유를 얻을 수 있습니다.

《숫타니파타》 6-9

비난으로부터
자신을 지키는 법

참고 또 참아도
나를 계속해서 비난하는 사람이 있을 수 있습니다.
그럴 때, 그 사람을 똑같이 비난해서는 안 됩니다.

때리는 사람에게 때리지 않고,
욕하는 사람에게 욕하지 않으며,
그 누구도 해치지 않고,
마음을 평화롭게 지키는 것,
이것이 바로 부처님의 가르침입니다.

《법구경》 184

불안을 극복하고
평온에 이르는 길

서로 다투며 불안에 떨고 있는 사람들을 보세요.
마치 물이 줄어드는 웅덩이 속 물고기들처럼
그들의 모습은 우리에게 두려움을 줍니다.

이 세상 그 어디에도
단단하고 안전한 곳은 없습니다.
모든 것이 흔들리고 있기에,
편히 머물 곳을 찾아 헤맸지만
폭력에 물들지 않은 곳은 없었습니다.

사람들이 끊임없이 서로 시기하는 모습을 보면
혐오감이 일어날 수도 있습니다.
그들의 마음속에는 화살과도 같은
끝없는 욕망이 박혀 있음을 보게 됩니다.

이 화살에 꿰뚫린 자들은
모든 방향으로 흩어져 방황하지만
그 화살을 뽑아버리면

더 이상 흔들리지 않고 평온해집니다.

세상에는 우리를 얽매는 수많은 족쇄가 있습니다.
그중에서도 미움과 분노의 마음,
감각적 쾌락에 대한 욕망을 꿰뚫어 보고
그 속박에서 벗어나는 것이 중요합니다.

《숫타니파타》 935-940

미워하는 마음을
다스리는 사람

안락하고 평온한 삶을 원한다면
졸음과 게으름과 나태함을 극복해야 하며,
거리낌 없거나
교만해서도 안 됩니다.

그릇된 말을 하지 말고
물질에 집착하지 않으며
폭력을 멀리하는 삶을 살아야 합니다.

한때 좋았던 것에 연연하지 말고
새로운 것에 지나치게 기뻐하지도 말아야 합니다.
사라져가는 것에 슬퍼하지 않고
끌어당기는 것에 마음을 붙잡히지도 말아야 합니다.

탐욕은 나를 흔드는
거세고 거대한 흐름이며,
집착은 삶에 혼란을 가져오고,
욕망은 벗어나기 어려운 수렁임을 명심해야 합니다.

악한 마음의 강을 건너고 나면,
사람들은 당신을 '성스러운 삶을 사는 사람'으로
존경하게 될 것입니다.

《숫타니파타》 942-945

분노가
끓어오르는 순간

몸에 대한 '알아차림'이란 무엇인가요?

그것은 숲속이나 나무 아래,
혹은 조용한 집에서
몸을 바르게 세우고 똑바로 앉아
마음에 집중하며 몸을 분명하게 들여다보는 것입니다.

명상을 할 때 우리는
자신의 몸에 주의를 기울이고 꾸준히 집중하며
순간에 깨어 있는 마음챙김 상태를 유지해야 합니다.

세속적인 욕심이나 불쾌한 감정들을 모두 내려놓고
몸의 모든 움직임과 감각을
깨어 있는 상태에서 알아차리는 것이 핵심입니다.

숨을 들이쉴 때는
'아, 나는 지금 숨을 들이쉬고 있구나' 하고
분명히 알아차립니다.

숨을 내쉴 때도
'아, 나는 지금 숨을 내쉬고 있구나' 하고
분명히 알아차립니다.

《중아함경》

마음의 평정을
유지하는 법

마음에 드는 것이 보이면
기뻐하며 거기에 머무르고,

마음에 들지 않는 것이 보이면
실망하며 거기에 갇혀 버린다면,

그것은 아직 깨우치지 못한 상태입니다.

'아, 내 안에서 이러한 감정들이 일어났구나.
이 감정은 어떤 조건에 의해 생겨났으며,
거칠고 불안정하고
다른 것에 의존해서 나타난 것일 뿐이다.
진정으로 평화롭고 고귀한 것은
바로 감정에 흔들리지 않는 마음의 평정심이다.'

이처럼 마음속에서
'마음에 든다', '마음에 들지 않는다',
혹은 '좋지도 싫지도 않다'는

감정이 일어나고
사라지는 것을 알아차리며
마음의 평정을 유지해야 합니다.

《중아함경》

비난에
휘둘리지 말라

악한 사람이 비난하는 것을 참고 견디는 사람은
이 세상에서 가장 훌륭한 사람입니다.
그는 자신의 말과 행동, 마음을 잘 다스립니다.

사람들은 누구나 비난을 받기도 하고 칭찬을 받기도 합니다.
심지어 아무 말 없이 가만히 있는 사람도,
말을 너무 많이 하는 사람도,
말을 적게 하는 사람도 비난을 받습니다.
이 세상에 비난을 받지 않는 사람은 단 한 명도 없습니다.

비난받을 만한 점이 전혀 없는 사람,
동시에 칭찬받을 만한 점도 전혀 없는 사람,
비난과 칭찬을 모두 초월한 사람은
이 세상에서 찾아보기 매우 어렵습니다.
마치 순수한 금처럼
흠 없는 사람은 세상에 존재하지 않습니다.

《숫타니파타》 808-810

저속한 사람의
특징 1

남의 물건을 훔치거나
주지 않은 것을 빼앗는 사람을
우리는 저속한 사람이라 부릅니다.

빌린 돈을 갚으라는 독촉을 받으면서도
'나는 빚이 없다'고 발뺌하는 사람 또한
저속한 사람이라 부릅니다.

사소한 물건을 탐내어 남을 해치고
물건을 빼앗는 사람도
마찬가지로 저속한 사람이라 할 수 있습니다.

《숫타니파타》 119-121

저속한 사람의
특징 2

도움이 필요한 사람에게
잘못된 방법을 가르치거나
모호하게 말해 혼란을 주는 사람을
우리는 저속한 사람이라 부릅니다.

나쁜 일을 저지르고도
자신이 한 짓을 숨기거나
모른 척하는 사람 역시
저속한 사람입니다.

다른 사람의 집에서는 극진히 대접받으면서도,
정작 자신의 집을 찾아온 손님에게는 인색한 사람 또한
저속한 사람이라 할 수 있습니다.

《숫타니파타》 126-128

내뱉은 말과 행동은
자신에게 돌아온다

다른 사람에게 함부로 말하지 마십시오.
내뱉은 말은 결국 자신에게 돌아옵니다.
말다툼은 큰 고통만 남기며,
그 보복의 화살은 자신에게 돌아옵니다.

깨진 종처럼 흔들리지 않고
스스로 평온을 지킨다면
진정한 평온과 안락을 얻을 수 있습니다.
이렇게 되면 어떤 다툼에도 휘말리지 않게 됩니다.

《법구경》 133-134

안식처는 바로
여기에 있다

두려움과 위협을 느낀 사람은

산, 바다, 점집 등 자신만의 안식처를 찾습니다.

하지만 그런 곳은 진정한 평온을 주지 못합니다.

어떤 장소에 간다고 해서

모든 괴로움에서 벗어날 수 있는 것은 아니기 때문입니다.

바른 지혜를 찾는 사람에게야말로

괴로움, 괴로움의 원인, 괴로움을 초월한 상태,

괴로움의 소멸로 이끄는 거룩한 길이

참으로 안온한 귀의처이자 최상의 귀의처입니다.

그 길로 나아갈 때 모든 괴로움에서 벗어날 수 있습니다.

《법구경》 188-192

악행을
조심하세요

몸에서 일어나는 분노의 에너지를 다스려
무분별하고 거친 행동을 절제하세요.
나쁜 행동은 버리고 좋은 행동을 선택하세요.

말의 분노를 다스려 말을 절제하세요.
해로운 말은 버리고 이로운 말을 하세요.

마음의 분노를 다스려 마음을 절제하세요.
나쁜 마음을 버리고 선한 마음을 품으세요.

자신의 행동과 말, 마음까지 완전히 다스릴 줄 알아야
진정으로 자신을 절제하는 지혜로운 사람이 됩니다.

《법구경》 231-234

작은 기쁨을
버리는 용기

만일 작은 기쁨을 내려놓음으로써
큰 행복을 얻을 수 있다면,
지혜로운 사람은
큰 행복을 바라보며
작은 기쁨을 포기합니다.

다른 사람에게 고통을 주면서
자신의 행복을 추구하는 사람은
증오의 속박에 갇혀
그 속에서 벗어나지 못할 것입니다.

《법구경》 290-291

마음챙김

해야 할 것은 하지 않고,
하지 말아야 할 것은 하는,
교만하고 깨어 있지 못한 자들에게는
번뇌가 늘어납니다.

몸에 대한 마음챙김을 항상 실천하고,
하지 말아야 할 것은 삼가고,
해야 할 것은 끈기 있게 수행하며,
지금 이 순간 일어나는 반응과 감정을
주의 깊게 알아차리는 사람들에게는
번뇌가 사라집니다.

《법구경》 292-293

게으름을
경계하라

079

나태하게 행동하거나 제대로 수행하지 않고
의심스러운 삶을 살면 결실을 얻을 수 없습니다.

해야 할 일이 있다면
온 힘을 다해 완벽하게 해내야 합니다.
게으른 사람은 자신의 삶에
혼란만 더할 뿐입니다.

시간을 허비하지 마세요.
소중한 기회를 놓친 사람들은
결국 지옥 같은 괴로움 속에서 후회하며 살아갑니다.

《법구경》 312-313

선행을 쌓아야 하는 이유

080

악한 행동은 피하는 것이 좋습니다.
그 행동은 결국 자신에게 고통을 가져오기 때문입니다.

선한 행동은 실천하는 것이 좋습니다.
그 행동은 결코 후회로 이어지지 않습니다.

국경 도시를 철저히 지키듯,
깨어 있는 정신으로 자신을 단단히 지키십시오.

《법구경》 315

고귀한
마음

다른 사람을 욕하거나 해치지 않고,
규칙을 잘 지켜 몸과 마음을 단속하며,
조용히 앉아 명상하고,
번잡한 곳을 떠나 고요한 곳에 머물며,
고귀한 마음을 맑고 향기롭게 닦는 것.

이것이 바로 참된 가르침입니다.

《법구경》 184-185

4부

어리석음을 비워내다

왜
삶은 원하는 대로
흘러가지 않는가

살면서 마주하게 되는 온갖 문제들은 어디에서 오는 걸까요? 살기 좋은 세상이라고 하지만, 정작 내 삶은 나아진 게 없다고 느낄 때가 많습니다. 이 문제들의 원인을 찾고 해결하기 전까지 우리의 번뇌는 끝나지 않을 것입니다. 그 해결책을 알지 못하니 우리는 '무지'한 상태에 머물러 있습니다. 단순히 '아는 것이 없는 상태'를 넘어, 사물의 본질을 제대로 알지 못하는 어리석은 존재이기 때문입니다.

불교에서는 이러한 무지를 '밝음이 없는 상태', 즉 '무명無明'이라고 부릅니다. 우리는 흔히 '내가 맞다'는 생각에 쉽게 사로잡힙니다. 하지만 그 생각이 어둠 속에서 시야를 가리듯, 진실을 제대로 보지 못하게 만들 때가 많습니다. 어두운 밤길을 헤매듯, 왜곡된 현실을 보고 있는 것이지요.

4부에서는 내가 붙잡고 있던 '옳음'을 내려놓고, 지혜의 빛으로 마음을 밝히는 연습을 하게 됩니다. 당연히 옳다고 여겼던 것들이 옳지 않을 수도 있다는 것을 알아차리는 순간, 스스로 감춰두었던 평온한 안락의 자리를 발견하게 될 것입니다.

이제 중요한 것은, 발견한 평온을 아는 데서 멈추지 않고 실제 삶 속에서 지켜내는 일입니다. 매 순간 자신에게 일어나는 생각과 감정을 있는 그대로 관찰하고, 집착과 판단 없이 흘려보내는 연습이 필요합니다. 분노가 올라올 때, 욕망이 일어날 때, 혹은 불안과 두려움이 마음을 흔들 때, 그 감정들을 억누르거나 피하지 않고 조용히 알아차리는 것, 그것이 바로 수행의 시작입니다.

이 작은 연습이 쌓이면, 마음은 점점 흔들리지 않고 안정되며, 무명의 어둠 속에서도 지혜의 빛으로 길을 밝히며 평온한 삶을 살아갈 수 있게 됩니다.

항상 옳은 것은 없다

지금 우리가 바라보는
저 산도 언젠가는 사라질 것이며
이 땅의 사람들 모두 죽을 것이고
나 역시 머지않아 그 길을 갈 것입니다.

세상의 모든 것은 영원하지 않아 끝이 있고,
끊임없이 변하여 고정된 실체가 없습니다.
변덕스러운 날씨가 불편함을 주듯
세상은 우리에게 늘 편안함만을 주지 않습니다.

마치 손에 쥔 모래처럼
너무 강하게 쥐려 하면 할수록
더 많은 것이 손가락 사이로 빠져나가
결국 아무것도 남지 않게 됩니다.
이처럼 돈, 명예, 인간관계에 지나치게 집착하면
오히려 그것 때문에 괴로워지게 됩니다.

《잡아함경》

평온한 삶

우리는 자신이 가진 것과
맺고 있는 관계 때문에 기쁘거나 슬픔을 느낍니다.
자식이 있으면 자식 때문에
재산이 있으면 재산 때문에
마음이 들뜨거나 가라앉습니다.

자식이 있고 재산이 있더라도
집착이 없는 사람은 다릅니다.
무엇에도 얽매이지 않으므로
좋거나 나쁜 일에도
마음이 흔들리지 않고
항상 평온합니다.

《숫타니파타》 33-34

변한다는 것은
변치 않는 진리다

세상에 존재하는 모든 것은
본질적으로 괴로움을 지니고 있습니다.
이 사실을 지혜롭게 통찰하고 깨달을 때
우리는 괴로움에 마음속 깊이
싫증을 느끼고
그로부터 벗어나고자 합니다.

이것이야말로 마음을 진정으로
맑고 깨끗하게 하는 길입니다.

이러한 진리를 깨닫지 못하고
마음을 닦아야 할 때 닦지 않는다면
어떻게 지혜를 얻을 수 있겠습니까?

지금 시작하지 않으면 늦습니다.

죽음이 눈앞에 닥쳐서야
게으르고 나약했던 과거를

후회하는 것은 이미 너무 늦은 일이 됩니다.
지금이야말로 마음을 돌이켜
깨달음의 길을 걷고,
실천을 시작해야 할 때입니다.

늦지 않게 스스로를 일깨우고 행동으로 옮기세요.

《법구경》 278-280

걱정해서 걱정이
없어지면 좋겠지만

현명한 사람은
지나간 일에 대해 걱정하지 않고
아직 오지 않은 미래를 미리 반기지도 않습니다.
현재 주어진 상황을 있는 그대로 받아들이고
올바른 알아차림으로 마음을 잘 다스립니다.

반대로,
오지 않은 미래를 걱정하고
이미 지나간 일을 후회하는 사람은
마치 우박이 잘 자란 작물을 엉망으로 만드는 것처럼
소중한 삶을 망가뜨리는 행동을 하게 됩니다.

《잡아함경》

어리석음을 인정하는 것이
곧 지혜다

어리석은 사람이 스스로 어리석음을 안다면,
그는 이미 그만큼 지혜로운 사람입니다.

그러나 어리석으면서도 자신이 지혜롭다고 여긴다면
그는 참으로 어리석은 사람입니다.

지혜가 없는 어리석은 사람은
결국 자신에게 해가 될 나쁜 행동을 합니다.
마치 원수를 괴롭히듯
스스로를 괴롭히는 일과 같습니다.

스스로 잘못을 저지르고 나서
후회하며 눈물을 흘린다면,
그것은 이미 늦은 뒤에 겪는 고통일 뿐,
올바른 삶의 태도라 할 수 없습니다.

반면 선한 행동을 하고 나서
후회 없이 기뻐하고 즐거워하며

그 결실을 받는다면
그것은 참으로 잘한 일입니다.

씨앗이 어떤 열매를 맺는지
시간이 지나 드러나듯,
우리의 행동도 결국 그에 맞는 결과를 가져옵니다.

《법구경》 63-68

선행과 악행의 극단적인 결과

선한 일은 서둘러 행하고
악한 일은 마음에서 멀리하세요.

선한 일을 하는 데 게으르다면
그 마음은 이미 악을 즐기고 있는 것입니다.

만일 악한 일을 저질렀다면
다시는 되풀이하지 말고
그 일을 즐겁게 여기지도 마세요.
악을 쌓는 일은 곧 괴로움을 쌓는 일입니다.

만일 선한 일을 했다면
자주 그 일을 되풀이하고
그 일을 즐겁게 여기세요.
선을 쌓는 일은 곧 즐거움을 쌓는 일입니다.

《법구경》 116-118

업보의 무게는
계속 쌓인다

악의 열매가 맺히기 전에는
악한 사람도 잠시 복을 누릴 수 있습니다.

그러나 악의 열매가 무르익으면
그는 반드시 재난을 당하게 됩니다.

선의 열매가 맺히기 전에는
선한 사람도 이따금 화를 입을 수 있습니다.

그러나 선의 열매가 무르익으면
그는 반드시 복을 받게 됩니다.

'내게는 업보가 닥치지 않으리라' 하며
악을 가볍게 여기지 마세요.

작은 물방울이 모여 항아리를 채우듯
결국 작은 악이 쌓여 큰 죄악이 됩니다.

'내게는 업보가 오지 않으리라' 하며
선을 가볍게 여기지 마세요.

작은 물방울이 모여 항아리를 채우듯
조금씩 쌓인 선이 큰 선을 이룹니다.

《법구경》 119-122

쓸데없는 생각을
정리하는 방법

만약 당신 마음속에 어떤 생각을 품었는데
그 생각과 함께 나쁜 생각들이 따라 일어난다면
그 나쁜 생각을 좋은 생각으로 바꾸어 집중해야 합니다.

미워하는 마음이 들면 자비심으로 바꾸는 것입니다.
이렇게 하면 나쁜 생각들은 사라지고
마음은 스스로 안정되어 고요해지며,
하나로 모아져 몰입의 상태에 들게 됩니다.

만약 좋은 생각으로 바꾸어 보았는데도
여전히 나쁜 생각들이 계속 일어난다면
그 나쁜 생각들이 결국 어떤 해로운 결과를 가져올지
깊이 생각해야 합니다.

'이 생각들은 옳지 않고, 비난받아 마땅하며
고통스러운 결과를 가져올 거야'라고 다짐하는 것입니다.
이렇게 나쁜 생각이 가져올 위험을 깨닫게 되면
그 생각들은 사라지고 마음은 안정되며 고요해집니다.

나쁜 생각이 가져올 위험을 성찰했음에도
여전히 그 생각들이 일어난다면
이제는 그 생각에 아예 관심을 주지 말아야 합니다.

나쁜 생각이 떠올라도 거기에 주의를 기울이지 않으면
그 생각들은 자연스럽게 사라지고 마음은 안정될 것입니다.

그러나 나쁜 생각에 주의를 주지 않아도
여전히 그 생각이 반복된다면
그것이 생겨나는 근본 원인을 찾아 제거해야 합니다.

탐욕이나 미움 때문에 나쁜 생각이 일어난다면
바로 그 근본 문제를 해결해야 합니다.
그렇게 하면 나쁜 생각은 완전히 사라지고,
당신의 마음은 깊이 안정될 것입니다.

만약 나쁜 생각의 근본 원인까지 제거했는데도
여전히 그것들이 일어난다면,
강한 마음의 힘으로 그 생각들을 제압해야 합니다.

마치 치아로 치아를 누르고, 혀로 입천장을 누르듯이
마음의 힘으로 나쁜 생각을 누르는 것입니다.

강한 사람이 약한 사람을 단단히 붙잡아 제압하듯
마음으로 마음을 굳건히 다스려야 합니다.
이렇게 마음으로 나쁜 생각들을 강하게 억누르면
그 생각들은 사라지고 마음은 마침내 안정될 것입니다.

《중아함경》

남에게 해로운 행동을
하지 말라

다른 사람의 허물을 찾아내기는 쉽지만
정작 자기 자신의 허물을 발견하기는 어렵습니다.

마치 곡식에서 쭉정이를 골라내듯
남의 허물은 사사건건 들추어내면서도
도박꾼이 자기의 나쁜 패를 숨기듯
자신의 허물은 감추는 법입니다.

나에게 원한을 품지 않은 사람이나
아무 잘못 없는 사람에게
원한을 품거나 해를 끼쳐서는 안 됩니다.

뿌려진 먼지가 바람을 거슬러
결국 자신에게 되돌아오듯
그 악행 또한 반드시 자신에게 돌아올 것입니다.

《법구경》 252

마음을 길들이고
다스린다는 것

마음은 물에서 잡혀 땅에 던져진 물고기처럼
늘 팔딱거립니다.
마음은 다스리기 어렵고 재빠르며
좋아하는 곳이면 어디든 내려앉습니다.

마구 흔들리고 변덕스러운 마음은 지키기 어렵습니다.
화살 만드는 사람이 화살대를 곧게 하듯
지혜로운 사람은 마음을 곧게 합니다.

지혜로운 사람은 이렇게 마음을 길들이고 지켜냅니다.
길들여진 마음과 지켜진 마음은
결국 행복을 가져다주기 때문입니다.

《법구경》 33-36

저속한 사람과 고귀한 사람은 정해져 있지 않다

어리석음에 묶여 사소한 물건을 탐하며
세상에서 진실되지 않는 말을 한다면
그는 저속한 사람입니다.

자기 자신을 칭찬하고, 타인을 경멸하고,
스스로 교만에 빠진다면 그는 저속한 사람입니다.

남을 화내게 하고 이기적이며,
악의적이고 인색하며
거짓을 일삼고 부끄러움을 모른다면,
그는 저속한 사람입니다.

사람은 태어날 때부터 천하거나
고귀한 존재가 아닙니다.
행위에 따라 저속한 사람이 되기도 하고
행위에 따라 고귀한 존재가 되기도 합니다.

《숫타니파타》 131-136

고요한 마음으로
들어가는 4단계

고요한 마음으로 명상을 하면
감각적 즐거움과 모든 옳지 않은 생각과 행동에서 벗어나
관찰 대상에 마음을 향하게 하는 초기 집중과
그 상태를 유지하려는 지속적인 작용이 함께 일어납니다.
이를 통해 기쁨과 즐거움이 가득한
첫 번째 고요함에 들어가 머물게 됩니다.

고요한 마음으로 계속 명상하면
이전 단계에서 나타났던
초점 맞추는 마음과 초점을 유지하는 마음이 사라지고,
고요함 속에서 마음이 한결같아지는 상태로 접어듭니다.
깊은 집중에서 오는 기쁨과 즐거움이 가득한
두 번째 고요함에 들어가 머물게 됩니다.

고요한 마음으로 계속 명상하면
이전 단계의 기쁨마저 사라지면서도
여전히 몸으로 미묘한 즐거움을 체험하며
평온한 마음과 명확한 알아차림을 유지한 채

완전히 깨어 있는 상태로 즐겁게 머물게 됩니다.

고요한 마음으로 계속 명상하면
이전 단계의 즐거움과 괴로움을 모두 내려놓고
그 이전의 기쁨과 슬픔마저 사라진 상태에서
즐겁지도 괴롭지도 않은 완전히 평온한 마음으로
네 번째 고요함에 들어가
순수한 의식과 완전한 알아차림 속에 머물게 됩니다.

《장아함경》

자기 인생은
스스로 책임져야 한다

나쁜 일은 스스로를 더럽히고
좋은 일은 스스로를 깨끗하게 합니다.
깨끗해지고 더러워지는 것은
오직 나 자신에게 달려 있습니다.

아무도 당신을 대신해 깨끗하게 해줄 수 없습니다.
다른 사람을 돕는 일도 중요하지만
자신의 성장과 정화가 무엇보다 중요함을 깨닫고
스스로 마음을 닦으며 선행을 베풀어야 합니다.

《법구경》 165-166

감정은
일시적인 것

명상을 하는 사람은
마음속에서 좋거나 싫거나,
혹은 좋지도 싫지도 않은 감정이
일어나는 것을 분명히 알아차립니다.

'아, 지금 내 마음에 마음에 드는 느낌이 일어났구나.'
'아, 지금 내 마음에 마음에 들지 않는 느낌이 일어났구나.'
이처럼 일어나는 감정들을 그대로 인식합니다.

동시에 그 감정들이 '나'의 본질적인 일부가 아니라
여러 조건이 모여 잠시 생겨난 것임을 알아차립니다.
감정은 거칠고 불안정하며
다른 것에 의존해 잠깐 나타났다가
사라진다는 것을 이해하는 것입니다.

이러한 통찰을 통해 명상을 하는 사람은
감정의 파도에 휩쓸리지 않게 됩니다.
마음의 평정을 유지할 수 있게 됩니다.

마음챙김을 반복하며 내면을 관찰하다 보면,
스스로 일으킨 생각과 감정이 어떻게 연결되어 있는지,
어떤 마음의 습관이 나를 흔들었는지까지 파악할 수 있습니다.

자신을 객관적으로 바라보면
마음의 자유와 깊은 평온의 길에 가까워집니다.

《중아함경》

극심한 고통 속에서도
분노하지 말라

당신에게 진정한 인내와 평온에 대해 알려주겠습니다.
만약 어떤 도적이 당신을 붙잡아 팔과 다리를 자른다 해도
단 한순간이라도
그 도적에게 분노를 품는다면,
그것은 부처의 가르침을 따르는 것이 아닙니다.

당신은 마음을 자비와 연민으로 가득 채워야 합니다.
온 세상 모든 존재를 자식처럼 사랑하는 마음으로 바라보며,
모든 분노와 악의가 사라지고 마음이 평온해질 때까지
그 자애로운 마음을 온 세상에 가득 퍼뜨려야 합니다.

《중아함경》

상처받을
필요 없다

만약 손님을 위해 음식을 정성껏 차려 놓았는데
손님이 그 음식을 먹지 않고 가버린다면
그 음식의 주인은 원래 주인이었던 나의 것입니다.

누군가 나에게 모욕적인 욕설을 퍼부었지만
내가 그것을 받아들이지 않았다면
그 모든 욕설은 고스란히 그에게 돌아갈 뿐입니다.

기억하십시오.
듣기 싫은 말이든 나를 향한 비난이든
내가 그 말을 받아들이지 않으면 그만입니다.
남이 던진 돌멩이를 굳이 주워서
자신에게 상처 입힐 필요는 없습니다.

《중아함경》

고요함이
주는 기쁨

게으름에 빠지기보다는 명상에 집중하는 것이 낫습니다.

지혜가 없는 자에게는 고요함이 없고
고요함이 없는 자에게는 지혜가 없습니다.
고요함과 지혜를 모두 갖춘 사람에게는
참된 평온과 안락이 가까이 있습니다.

세상의 번잡함에서 벗어나
고요한 곳에서 마음을 다스리고
진리를 명확하게 통찰하는 사람은,
이 세상의 즐거움을 뛰어넘는 기쁨을 얻게 됩니다.

《법구경》 371-373

성숙한 삶을 위한
여섯 가지 원칙

몸으로 자비를 실천하여
생명이 있는 존재를 해치지 않고,
입으로는 자애로운 말만 하여
악한 말을 하지 않습니다.
마음속으로는 파괴하거나
손해를 끼치려는 생각을 품지 않습니다.
깨끗한 재물을 얻어
여럿이 나누되 평등하고 차별 없이 나눕니다.
지혜를 지니고 그것을 빠뜨리거나 더럽히지 않으며
굳게 믿고 지킵니다.

지혜를 깨달아 모든 괴로움을 없애는 것,
진리에 대한 깨달음이 자라나고 더욱 깊어지며
절대 물러서지 않는 것,
그것이 바로 실천의 길입니다.

《장아함경》

모든 생명이
고통으로부터 자유롭도록

사람은 누구나 늙고, 병들고, 결국 죽는다는 사실을 통해
세상에는 영원한 것이 없다는 걸 알게 됩니다.

미움과 분노, 남을 괴롭히려는 마음을 모두 버리면
마음속에 평화가 찾아옵니다.

그런 마음으로 삶을 살아간 사람은,
죽음조차 두려움 없이 맞이할 수 있습니다.

마음속 어둠을 없애고 평온과 자유를 찾는 것,
그것이 바로 우리가 얻을 수 있는 가장 큰 힘입니다.

《중아함경》

온 세상에
이로운 사람

101

세상의 모든 것이 변하고 사라지기 때문에
덧없는 것들에 집착하지 않는 사람이 있습니다.

그 사람은
자비로운 마음을 갖고
다른 이의 아픔에는 함께 아파하고
다른 이의 기쁨에는 함께 기뻐하며
흔들리지 않는 평온함으로
세상을 채웁니다.

《중아함경》

그릇된 가치관이 만드는 불행

부끄러워해야 할 일은 뻔뻔하게 여기고,
부끄러워할 필요 없는 일에 괜히 부끄러워하는 사람은
불행을 겪게 됩니다.

두려워하지 않아도 될 것을 두려워하고,
두려워해야 할 것을 두려워하지 않는 사람은
위험을 피하지 못합니다.

잘못을 잘못이라 여기지 않고,
잘못이 아닌 것을 잘못이라고 생각하는 사람은
결국 행복을 놓치게 됩니다.

《법구경》 316-318

보살이 두려움을
극복하는 방법

걷고 있을 때 두려움과 공포가 찾아오면
그 두려움과 공포가 가라앉을 때까지
서거나 앉거나 눕지 않았습니다.
서 있을 때 두려움과 공포가 오면
그 두려움과 공포가 가라앉을 때까지
걷거나 앉거나 눕지 않았습니다.
앉아 있을 때 두려움과 공포가 오면
그 두려움과 공포가 가라앉을 때까지
걷거나 서거나 눕지 않았습니다.
누워 있을 때 두려움과 공포가 오면
그 두려움과 공포가 가라앉을 때까지
걷거나 서거나 앉지 않았습니다.

그 결과, 번뇌에서 벗어나 평온한 안락을 얻었고,
마침내 모든 괴로움의 뿌리를 끊어
완전한 깨달음에 이르렀습니다.

《중아함경》

감각에 대한 무지를
극복하는 방법

모든 감각과 느낌이 조건에 따라
생겼다가 사라진다는 본질을 깨달아야 합니다.

그러면 고통을 이겨내는 힘이 강해지고
즐거운 느낌에 대한 집착도 사라집니다.

어느덧 즐겁지도 괴롭지도 않은 상태를 경험하게 되며,
즐거움이나 괴로움, 그 어느 것에도 얽매이지 않음으로써
마음의 속박에서 벗어나 자유를 얻게 됩니다.

《잡아함경》

남의 허물을
들추지 말라

사람들은 자신의 믿음과 기쁨에 따라 나눌 줄 압니다.
하지만 남이 가진 음식이나 재물을 시기하는 마음이 있다면
낮이든 밤이든 내면의 깊은 고요와 집중을 경험할 수 없습니다.

반대로, 시기와 질투를 마음속에서 완전히 제거한 사람은
언제 어디서든 평온과 집중을 유지할 수 있습니다.

세상에 탐욕보다 더 뜨거운 불은 없고
미움보다 더 강하게 마음을 옥죄는 것도 없습니다.
무지보다 더 촘촘한 그물도, 갈망보다 더 거센 강물도 없습니다.

《법구경》 249-251

타인의 기준에
휘둘리지 않는 삶

세상 속에서 진정한 평온을 찾으려면
지금 가진 것에 만족할 줄 아는 마음이 필요합니다.

어떤 어려움이 닥쳐도 굴하지 않고
두려움 없이 꿋꿋하게 나아가야 합니다.
가장 중요한 것은 꺾이지 않는 마음입니다.

주변에서 "결혼은 이 나이에 해야 해"라거나
"이 정도의 집이나 차는 있어야 성공한 거야"라고 말할 때,
그 기준에 억지로 자신을 맞추려 하지 마십시오.

바쁜 세상 속에서 살아가더라도 마찬가지입니다.
남이나 세상의 기준에 얽매이지 마세요.
스스로 세운 길 위에서 평온을 찾아야 합니다.

《숫타니파타》 42-43

진정한 자유를
위한 용기

107

마치 가을에 모든 잎을 떨구는 나무처럼
세상의 모든 굴레를 내려놓으십시오.

사람들의 기대나 시선이라는 굴레를
과감히 벗어던질 용기가 필요합니다.
코뿔소의 뿔처럼 당당히, 홀로 나아가세요.

다른 사람들과 단절하라는 뜻이 아닙니다.
주변의 평가나 감정에 휘둘리지 않고
자신의 길을 묵묵히 걸어가는
정신적 독립성을 가지라는 의미입니다.

평온한 마음은 외부에서 주어지지 않습니다.
그것은 오직 흔들림 없는 내면의 용기에서 비롯됩니다.

《숫타니파타》 44

인생에 불필요한 짐을
내려놓아라

탐욕과 분노의 마음을 비워낼 때
우리는 비로소 진정한 평온에 이를 수 있습니다.
여행 가방에 불필요한 짐을 잔뜩 넣고 다니면
몸은 무겁고 여행을 제대로 즐길 수 없듯이
마음에 탐욕과 분노, 질투 같은
어두운 감정을 가득 담고 있으면
삶은 힘들고 괴로워집니다.

그 짐을 내려놓아야만
비로소 자유롭고 편안하게 인생의 여정을 걸어갈 수 있습니다.
마음속의 번뇌를 모두 끊어내고 그 너머로 나아간 사람은
마치 거센 홍수를 건너 안전한 곳에 다다른 이와 같습니다.
그를 '홍수를 건넌 사람'이라 부릅니다.

그러니 마음을 흐리고 짓누르는 모든 집착과 감정을
과감히 잘라내고 버리십시오.
그것만이 진정한 자유와 평화에 이르는 길입니다.

《법구경》 369-370

나가는 글

비울수록 삶은 단단해진다

이제 이 책의 마지막 페이지입니다. 아마 108번의 필사를 모두 마친 분도 있고, 혹은 아직 다 마치지 않은 분도 있을 것입니다. 어떤 경우든, 부처님의 지혜를 향해 여기까지 오신 여러분을 환영하며 축하와 존경의 마음을 전합니다. 이 책을 펼치고 꾸준히 필사해 108일이 걸렸든, 200일이 훌쩍 넘는 시간이 걸렸든, 혹은 이제 막 시작하려는 계획을 품었든 상관없습니다. 그 모든 여정을 응원합니다.

하나의 목표를 정하고 꾸준히 이어가는 경험은 그 자체만으로도 소중하고 의미 있는 일입니다. 무언가를 지속한다는 것은 결코 쉽지 않습니다. 해야 할 이유보다 하지 않을 핑계가 더 많은 것이 우리의 일상이니까요. 이 과정을 충실히 해냈다면, 고요함 속에서 내면의 지혜를 발견했을 것입니다. 그 지혜가 삶에 스며들어 더 큰 울림으로 다가왔다면 더없이 좋겠습니다.

이 책을 통해 독자 여러분과 맺은 귀한 인연에 깊이 감사드립니다. 불자이건 아니건 그것은 중요하지 않습니다. 부처님의 가르침을 보고, 쓰고, 되새기는 시간을 가졌다는 것 자체로 우리는 이미 하나의 마음으로 이 시간을 함께한 것이기 때문입니다.

부처님께서 이 세상을 떠나실 때, 마지막으로 남기신 유훈은 '자등명 법등명 自燈明 法燈明'입니다. '스스로를 등불로 삼고 자신에게 의지하며, 진리를 등불로 삼고 진리에 의지하라'는 뜻이지요. 여러분 안에는 이미 진리의 등불이 살아 숨 쉬고 있습니다. 다만 무명에 가려 잠시 알아차리지 못할 뿐입니다. 부처님의 말씀을 읽고, 쓰고, 되새기는 이 과정은 외부에서 새롭게 들어오는 것이 아니라, 내 안에 있던 진리의 등불을 밝히는 행위입니다.

108번의 필사를 통해 여러분 마음속에 그 불이 켜졌기를 바랍니다. 그리고 밝아진 마음의 등불을 꺼트리지 않고, 그 빛에 의지해 굳건하게 자신만의 길을 걸어가시길 바랍니다. 때로는 마음을 흔들고 등불을 꺼트리려는 것들이 찾아올 수도 있습니다. 그럴 때는 스스로를 지키고, 곁에 지혜로운 벗이나 스승이 있다면 함께 걸어가시는 것도 큰 힘이 될 것입니다.

108번의 비움으로 나를 다스리는 부처의 말 필사집
내 마음이 고요하길 바랍니다

초판 1쇄 발행 2025년 11월 10일

지은이 원명
펴낸이 민혜영
펴낸곳 오아시스
주소 서울특별시 마포구 월드컵로14길 56, 3~5층
전화 02-303-5580 | **팩스** 02-2179-8768
홈페이지 www.cassiopeiabook.com | **전자우편** editor@cassiopeiabook.com
출판등록 2012년 12월 27일 제2014-000277호

ⓒ원명, 2025
ISBN 979-11-6827-369-6 03190

이 책은 저작권법에 따라 보호받는 저작물이므로 무단 전재와 무단 복제를 금지하며, 이 책의 전부 또는 일부를 이용하려면 반드시 저작권자와 (주)카시오페아 출판사의 서면 동의를 받아야 합니다.

- 오아시스는 (주)카시오페아 출판사의 인문교양 브랜드입니다.
- 잘못된 책은 구입하신 곳에서 바꿔 드립니다.
- 책값은 뒤표지에 있습니다.